政岡憲三 『人魚姫の冠』絵コンテ集

政岡憲三●著
萩原由加里●編著

青弓社

政岡憲三『人魚姫の冠』絵コンテ集　目次

はじめに——政岡憲三とは？　　　003
萩原由加里

政岡憲三 『人魚姫の冠』 絵コンテ　　　005

『人魚姫の冠』 の絵コンテを読み解く　　　143
萩原由加里

1　『人魚姫の冠』とは

2　『アンデルセン童話集』を手がかりに
　　——ストーリーと設定を知るヒント

3　絵本を手がかりに
　　——さらなるストーリー展開のヒント

4　時代考証
　　——政岡が求めた「珍しさ」と「美しさ」を読み解く

5　政岡による独自の物語

6　なぜ人魚姫は昇天できたのか？
　　——「エロス」と「アガペー」の葛藤

7　あとがきにかえて

わたしたちにとっての政岡憲三さん　　　157
高畑 勲

装丁——スタジオ・ポット［山田信也］

はじめに——政岡憲三とは?

萩原由加里

　政岡憲三とは、1930年代から40年代にかけてアニメーション制作者として活躍した人物である。

　政岡が後世にまでその名を残すきっかけになったのは、『くもとちゅうりっぷ[1]』(1943年)というアニメーション作品で演出[2]を務めたことである。この作品は公開当時から評判が高かった[3]。そして、戦後のアニメーション史では、「戦時中の作品とは思えない詩情みちあふれた映画詩だった[4]」と新たな側面からも評価され、さらに近年ではアニメーションという枠組みを超えて美術史の文脈でも言及されるに至っている[5]。

　さらに『くもとちゅうりっぷ』以外にも、1930年代、日本のアニメーション業界でいち早くセル画を導入し、さらには本格的なトーキーアニメーションの制作に取り組むなど、制作技術の発展に寄与したことも高く評価されている。さらには、熊川正雄[6]や森康二[7]などの戦後の日本アニメーション業界を牽引する人材を直接的に養成したことも功績として挙げられるだろう。

　だが、1950年を境にアニメーション制作から遠ざかり、以後は児童向け雑誌や絵本などの出版業界に活動の主力を移していく。

　このように政岡がアニメーション業界で表立って活躍したのは20年間足らずだが、その功績の大きさから現在では「日本アニメーションの父」と呼ばれているのである。

　ところで、アニメーションの訳語として「動画」を提唱したのも政岡である。政岡は、「動画誕生之碑」と命名したモニュメントまで作っているのだが、これは政岡の生前墓も兼ねていて、1981年の除幕式の様子が映像で残っている[8]。動画、すなわちアニメーションに関するモニュメントだけあって、黒い大理石の台座部分には、政岡が演出を務めたアニメーション作品の登場人物が刻まれている。

　だが、この台座の上に横たわる長い髪を風になびかせた乙女の像を見て、なぜこれが動画誕生之碑なのか、疑問に思う人もいるだろう。その手がかりになるのが、台座の一角に刻まれた「人魚姫の冠」という文字である。

　『人魚姫の冠』とは晩年の政岡が構想していたアニメーション作品の題名であり、その主人公である人魚姫のモニュメントを自らの墓としたの

である。生前の政岡を特集した雑誌の記事に、原型となったミニチュア像が写っている⁽⁹⁾。

この『人魚姫の冠』も企画を進めようという声がなかったわけではないが、結果としてアニメーションとして完成するには至らなかった⁽¹⁰⁾。

政岡はなぜ生前墓の題材として人魚姫を選んだのか。そもそも、政岡がアニメーション化の構想を抱きながらも実現しなかった『人魚姫の冠』とは、どのような作品だったのだろうか。

本書の目的は、残された絵コンテやデッサンと政岡に関わる資料とを組み合わせていくことで、『人魚姫の冠』という企画の全貌に迫ることである。

（1）『くもとちゅうりっぷ』は、『世界と日本のアニメーションベスト150』（ふゅーじょんぷろだくと、2003年）で「プロフェッショナルが選んだ世界と日本のアニメーションベスト150」にランクインしていて、現代でも注目を集めている。2012年にはデジタル修復され、16年には『桃太郎 海の神兵』（監督：瀬尾光世、1945年）と同時収録で松竹からBDとDVDが発売されている。

（2）演出とは現在の監督に相当する役職である。

（3）作曲・演奏を音楽家の弘田龍太郎に依頼し、さらにオペラ歌手・村尾護郎と童謡歌手・杉田美子を声優として起用するなど音楽面にも力を入れていたことから、「美しい旋律の音楽」（関猛「くもとちゅうりっぷ」「映画教育」1943年3月号、全日本映画教育研究会、25ページ）と評されている。また、映画評論家の今村太平は画面を絵画になぞらえて評したうえで、「不充分な技術条件の下に、ウォルト・デイズニーのシリー・シンフォニーに迫った佳作として推賞するに足るものがある」と絶賛している（今村太平「最近の漫画映画」「映画旬報」1943年3月1日号、映画出版社、166ページ）。

（4）山口且訓／渡辺泰、プラネット編『日本アニメーション映画史』有文社、1978年、230ページ

（5）辻惟雄『日本美術の歴史』東京大学出版会、2005年、432ページ

（6）1932年から政岡憲三の下でスタッフとして働き、のちに政岡とともに松竹にも入って『くもとちゅうりっぷ』の制作に参加している。戦後は、日本動画（日本動画社）さらに東映動画（現・東映アニメーション）にも加わって、『少年猿飛佐助』（監督：藪下泰司／大工原章、1959年）や『西遊記』（監督：藪下泰司／手塚治虫／白川大作、1960年）で原画を担当している（横田正夫／小出正志／池田宏編『アニメーションの事典』朝倉書店、2012年、406ページ。渡部慶一『アニメ職人　熊川正雄伝』ジャンプ、出版年不明、2ページ）

（7）森康二の他にも、森やすじ、もりやすじなどの名前を使っている。東京美術学校を卒業後、日本動画社（日動）に入社し、政岡のもとで働いている。本人は「絵の感じは日動にいた政岡憲三氏の影響を受ける」と語っている。のちに日本動画社が東映動画となった際は、同社で『白蛇伝』（演出：藪下泰司、1958年）や『わんぱく王子の大蛇退治』（演出：芹川有吾、1963年）、『太陽の王子ホルスの大冒険』（演出：高畑勲、1968年）をはじめとする作品のメインスタッフとして活躍した。森やすじ『もぐらの歌──アニメーターの自伝』（〔アニメージュ文庫〕、徳間書店、1984年）の著者紹介欄を参照。

（8）DVD『くもとちゅうりっぷ　日本アニメーションの父政岡憲三作品集』（アニドウ・フィルム、2004年）に収録。

（9）藪下泰司「えがたい作家・政岡憲三」「Film1/24」1978年10・12月号、27ページ、政岡憲三「もう一つの観点」、同誌36ページ

（10）前掲『アニメ職人　熊川正雄伝』（36ページ）では、「未完の大作『人魚姫』」として本作に触れている。それによれば、ピープロダクションがスポンサー探しをして、見本フィルムの作成をしたとされている。しかし、政岡が妥協しなかったことに加え、ピープロダクションの火災によって企画は挫折したとある。その後、杉本五郎が協力を申し出たが、同氏の家が火災に見舞われたことで映像化の夢が果たせなかった経緯が語られている。また、「特撮秘宝」の「うしおそうじ＆ピープロダクション年表」にも、1968年に同社の社屋が火災にあった際、数分間のパイロット版も焼失したとある（「特撮秘宝」Vol.3〔洋泉社MOOK 別冊映画秘宝〕、洋泉社、2016年、106ページ）。

政岡憲三『人魚姫の冠』絵コンテ

人魚姫モデルなし. 10[月]1970[年]　K.masaoka

[※右下の髪のなかに「K.m」のサインが見える。]

昭和45.12.3.1970. 推理によるスケッチ モデルはなし. Kenzo masaoka. 人魚姫の魔女.

昭和 46［年］2［月］2［日］㊋［＝火曜日］　モデルなし．K. Masaoka. 1971.

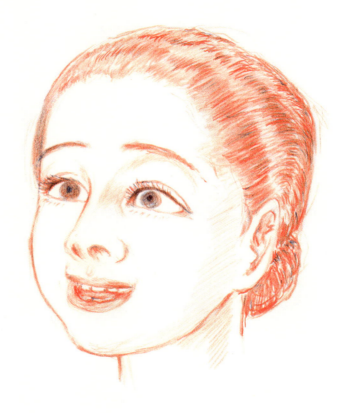

1971. 昭和46[年]2[月]3[日]㊌[=水曜日]　習作．K.Masaoka.

人魚姫の中　魔女の手術にかからうとする顔　K.Masaoka.　[昭和] 46 年 1 月 4 日　1971.

人魚姫　魔女に手術をうける前の表情、推理によつて描く　K.Masaoka. 1970.
[昭和]45[年]12[月]6[日]……48[年]1[月]5[日]1971.

薬を飲んで人間になる

[昭和]42[年]11[月]16[日]㊍

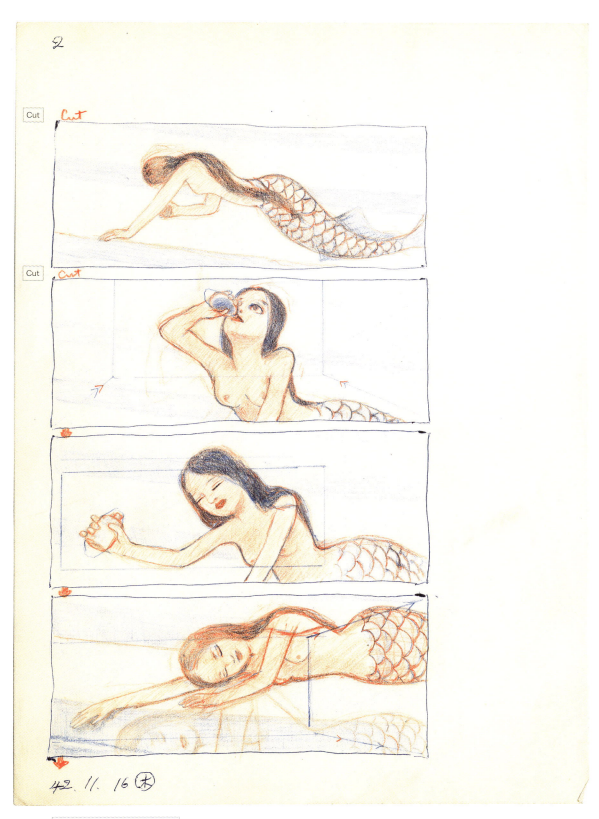

[昭和]42[年]11[月]16[日]㊍

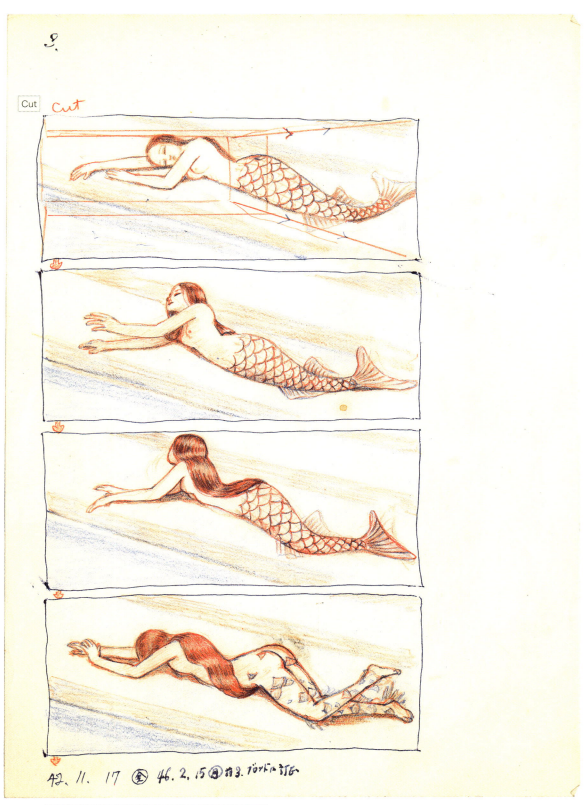

［昭和］42［年］11［月］17［日］㊎
46［年］2［月］15［日］㊊　［午］前3時．ブロンドに訂正

[※没になった絵コンテ案。]

下腹部に異状を感じる 両脚を知る

[昭和]46[年]12[月]10[日]

3〜4の間に入る

T.B
Pan up.
O.L.
Pan down

44.1.3.㊎ 1.4.㊏ 1.6.㊊

[昭和]44[年]1[月]3[日]㊎ 1[月]4[日]㊏ 1[月]6[日]㊊

| スペイン | イタリア
スフォルツア城
一四―一五世紀 | デンマーク　フレデリックボルク
一六六〇―一八四八 |

44. 15∩.

[昭和]44[年]1[月]5[日]

[※建築様式の考証　宮殿の全景に加えて、塔の様式はスペインのセゴビア城、イタリアのスフォルツェスコ、デンマークのフレデリックボー城の3つの案があったことがわかる。]

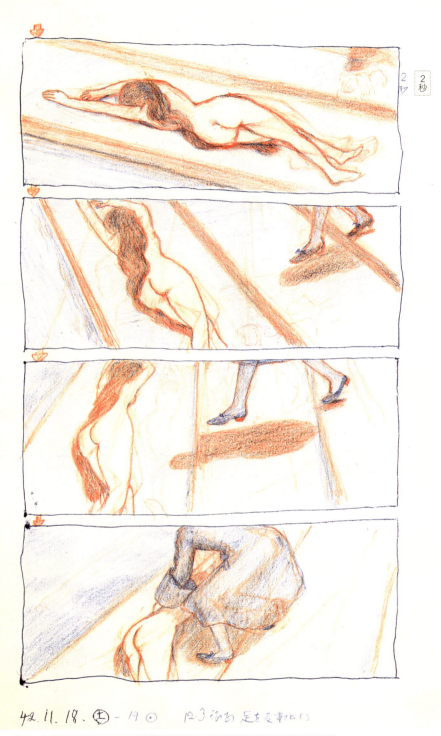

[昭和]42[年]11[月]18[日]㊏—19[日]㊐　12[月]3[日]訂正　足を反対にする

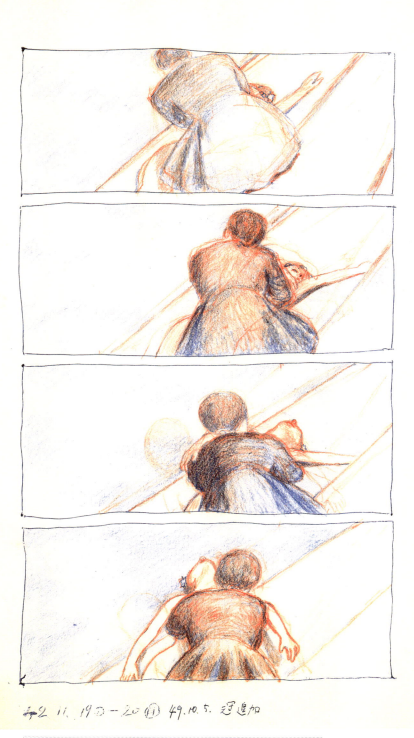

[昭和]42[年]11[月]19[日]㊐—20[日]㊊　49[年]10[月]5[日]　冠追加

[昭和]48[年]8[月]2[日]〜4[日]

S[昭和]48[年]7[月]20[日]　午前3時　綾子[政岡夫人]をモデルにして人魚姫修作

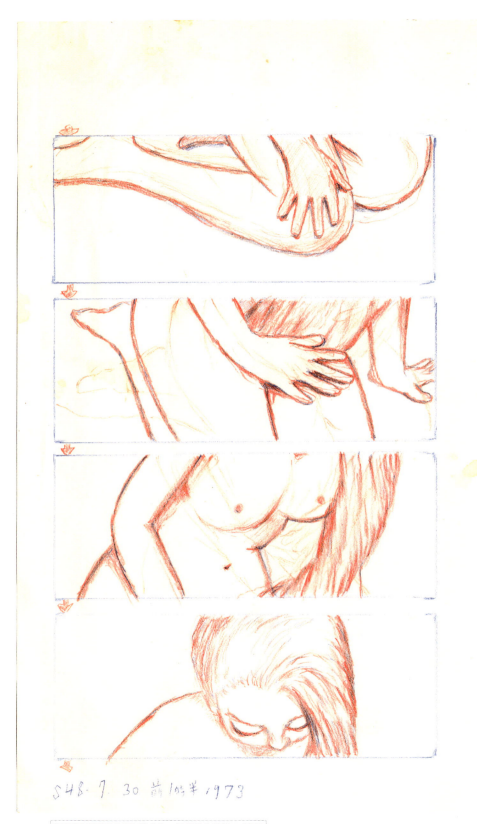

S[昭和]48[年]7[月]30[日] [午]前1時半 1973

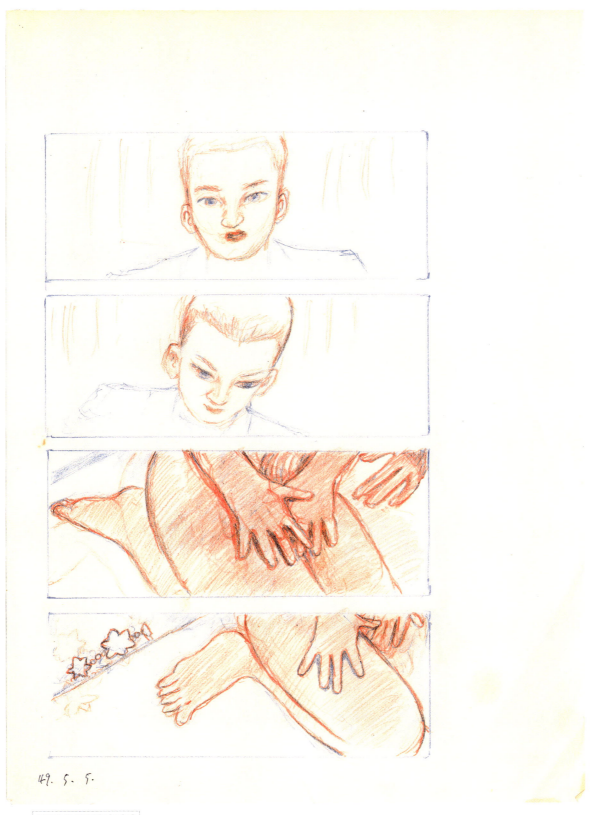

49. 5. 5.

[昭和] 49 [年] 5 [月] 5 [日]

[※カメラの動きを 1〜8 の番号を振って指示している。]

S[昭和]48[年]7[月]11[日]　午前三時　1973.　モデル綾子　湯上りにて、人魚姫はじめて足を見。

S[昭和]48[年]7[月]20[日] [午]前2時 1973

1971　昭和46年2月19日㊎　人魚姫スケッチ推理による
［※裏面に記入されたメモから。］

[昭和]49[年]5[月]5[日]〜5[月]8[日]

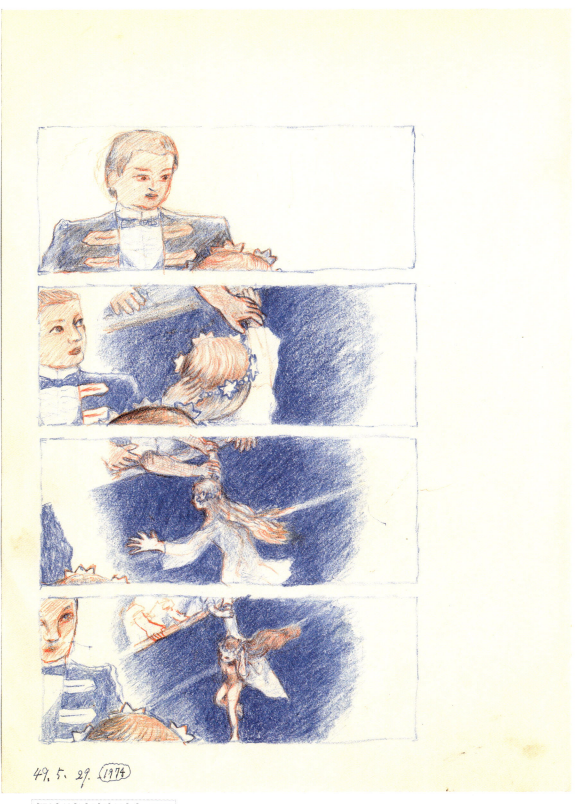

49. 5. 29. (1974)

[昭和]49[年]5[月]29[日]　1974

[昭和]49[年]5[月]30[日]　1974　6月1[日]〜2[日]〜3[日]〜4[日]〜7[日]〜10[日]〜

9

あらかじめ計算しておいて階段を移動パンして描き、それにつれて動画(モデル)を描く．

あらかじめ計算しておいて階段を移動パンして描き、それにつれてモデル動画を描く．

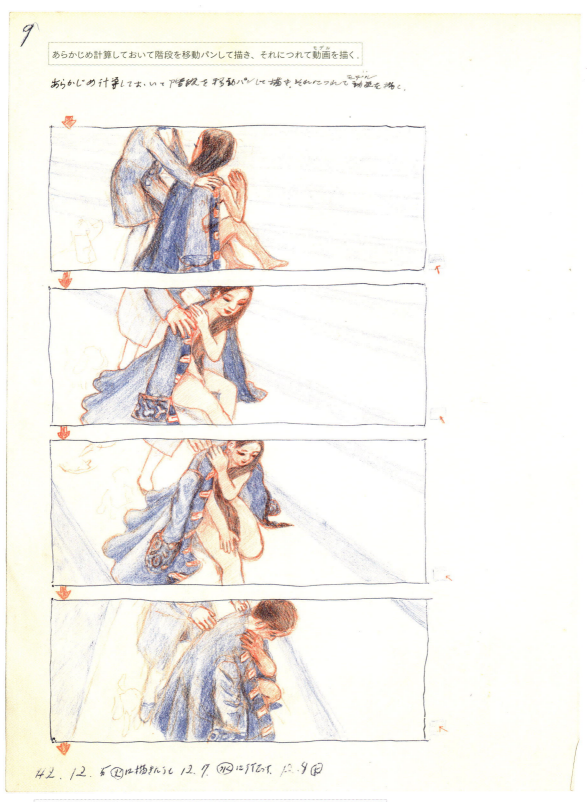

42.12.5㊋に描きたるも 12.7㊌に行なう、12.8㊍

[昭和]42[年]12[月]5[日]㊋に描きたるも　12[月]7[日]㊌に訂正す．　12[月]8[日]㊍
[※移動の様子を右側に図でも指示している（42ページにも同様の指示が見られる）。]
[※昭和42年12月7日は木曜なので、政岡のメモにミスが確認できる。]

10

42.12.8 金 ~ 12.9.土

[昭和]42[年]・2[月]8[日]金—12[月]9[日]土

[昭和]42[年]12[月]9[日]㊏〜12[月]10[日]㊐〜12[月]12[日]㊋

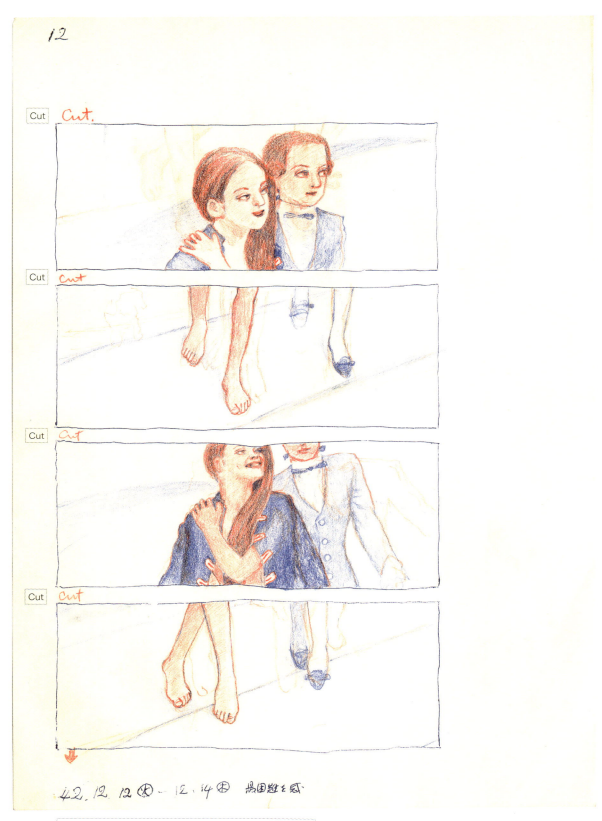

[昭和] 42 [年] 12 [月] 14 [日] ㊍ ― 12 [月] 16 [日] ㊏ ― 12 [月] 20 [日] ㊌ ― 12 [月] 22 [日] ㊎　改訂困難を感じ難渋す

[昭和]42[年]12[月]21[日]㊍—12[月]22[日]㊎ 改訂

[昭和]42[年]12[月]23[日]㊏　苦心の末　新手法を考案　二齣目から□□□□（判読不明）使ふ事をやめた。

16

困難,難渋を極む
(扉より上手はマルチ上段)

垂直線を左にかたむけた方が
より主観的な
表現になるかも知れぬ。

始めての人間の世界,宮庭[廷]の内部.
好奇の□(判読不明)でみる。

17

マルチプレン下段にピントをおくる．上段は上手わずかに残る

始めて見る人間の世界！
ロココ風の建築美が我々の
目をうばう．

テイルトアップでパンして
ズームで細部を印象づける．新工夫．

天井の中心部にキャメラは行く．
中央はドームになっている。そして
シャンデリアが下っている。

パンは8秒程？　或は6秒程？

43.1.6.㊏ー1.7㊐

[昭和]43[年]1[月]6[日]㊏ー1[月]7[日]㊐

18

43. 1. 14. ⊙

［昭和］43［年］1［月］14［日］⊖　　　　　　　　　　　　　　［※下描きの段階で止まったページである。］

[昭和]43[年]1[月]15[日]㈪―1[月]16[日]㈫―2[月]7[日]㈬

20.

43.1.16㊋-1.17㊌

[昭和]43[年]1[月]16[日]㊋—1[月]17[日]㊌

43. 1. 2/0 ～ 1. 27㊏ - 2. 6㊋

[昭和] 43 [年] 1 [月] 21 [日] ㊐ ― 1 [月] 27 [日] ㊏ ― 2 [月] 6 [日] ㊋

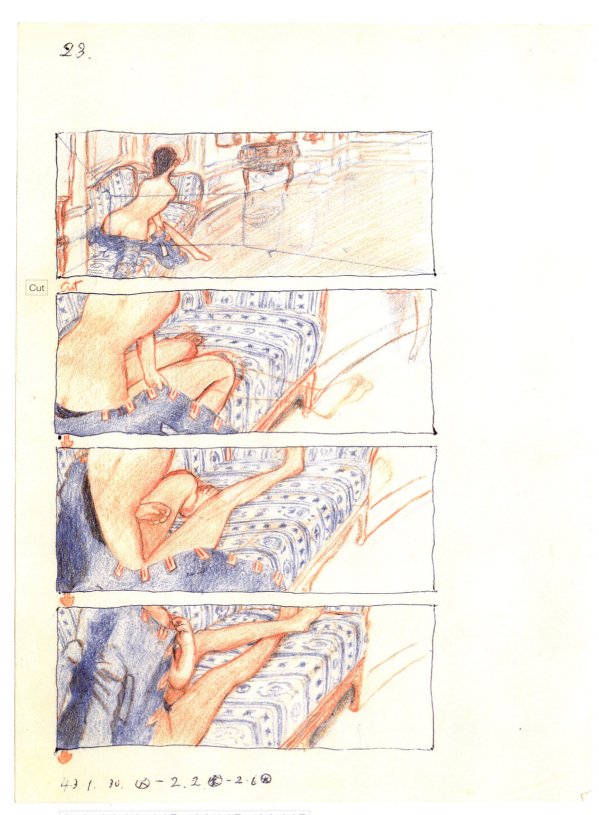

足が出来た

action cut or pan

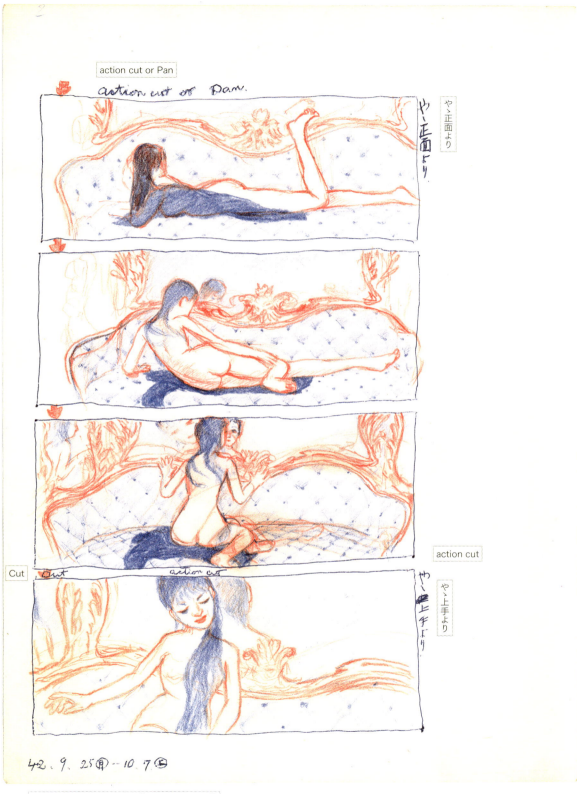

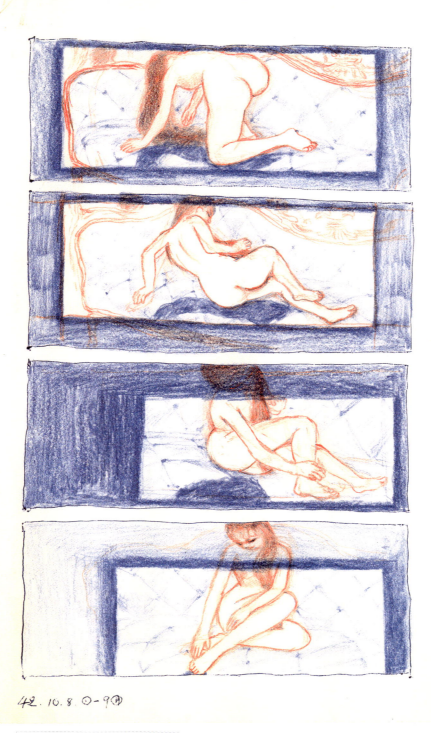

[昭和]42[年]10[月]8[日]㊐—9[日]㊊

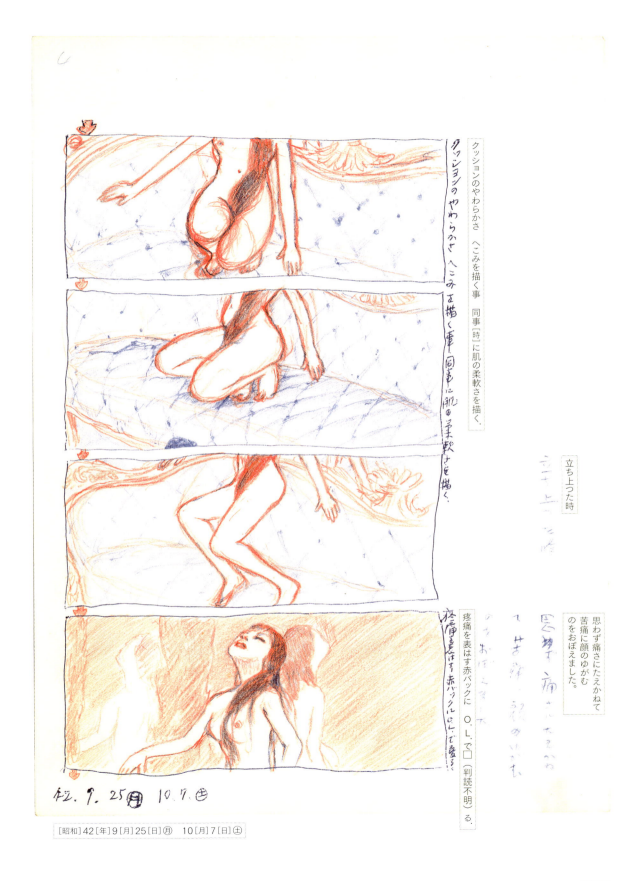

クッションのやわらかさ　へこみを描く事　同事[時]に肌の柔軟さを描く。

立ち上つた時

思わず痛さにたえかねて苦痛に顔のゆがむのをおぼえました。

疼痛を表はす赤バックに O.L.で□（判読不明）る。

[昭和]42[年]9[月]25[日]㊊　10[月]7[日]㊏

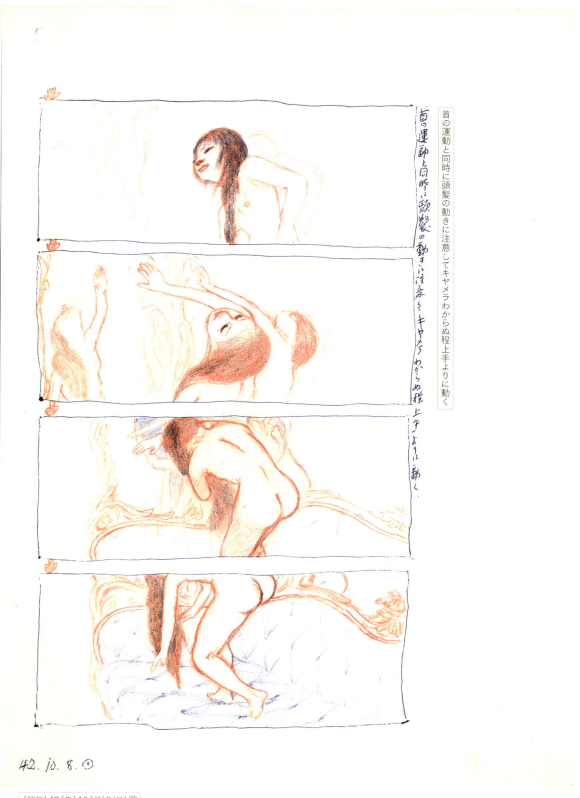

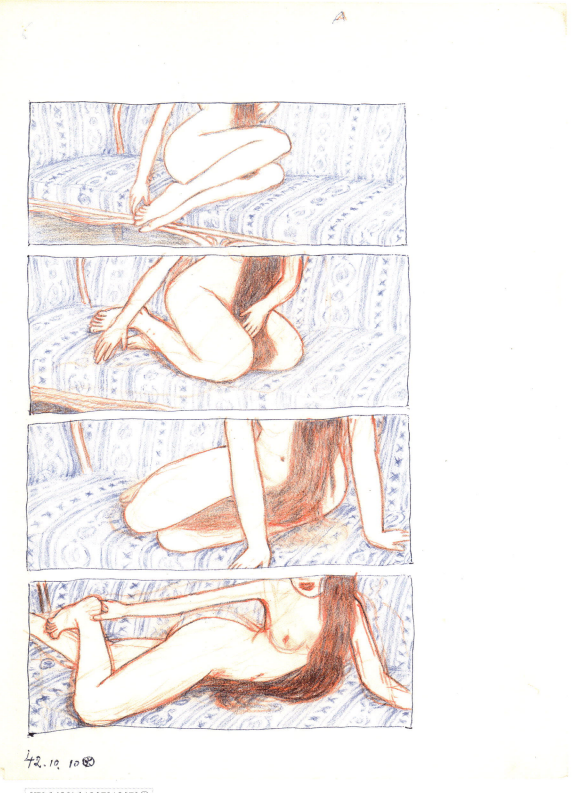

42. 10. 10 ㊋

［昭和］42［年］10［月］10［日］㊋

48. 10. 28

[昭和]48[年]10[月]28[日]
[※ 64ページから67ページは没になったと思われる絵コンテである。]

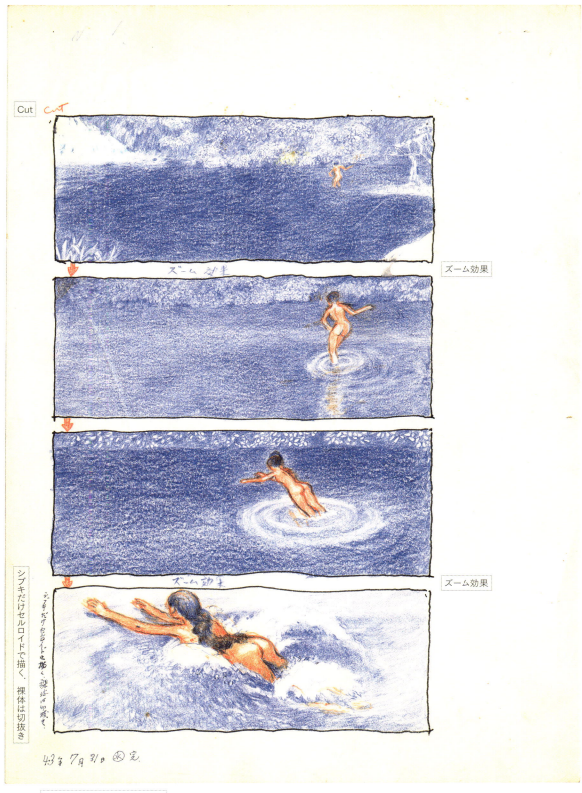

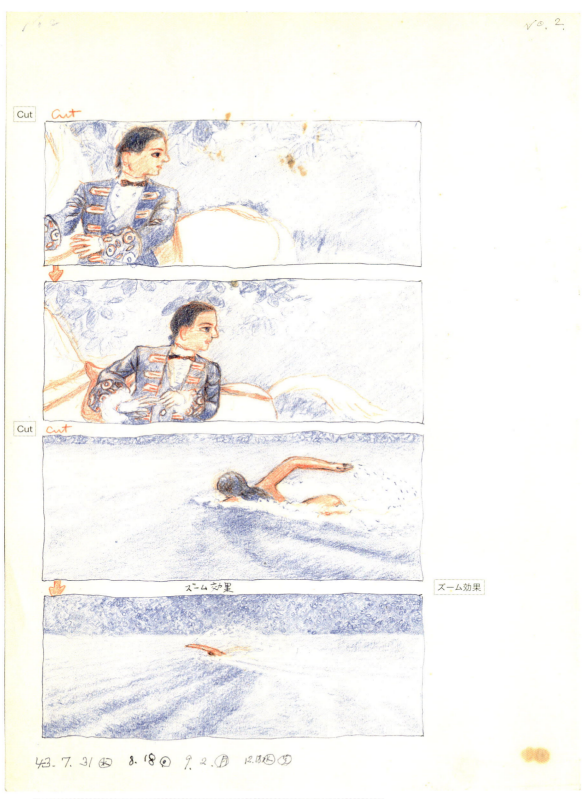

白波セルロイド　裸体切抜

[昭和] 43 [年] 7 [月] 31 [日] ㊌　10 [月] 25 [日] ㊎　10 [月] 29 [日] ㊋　12 [月] 18 [日] ㊌　完

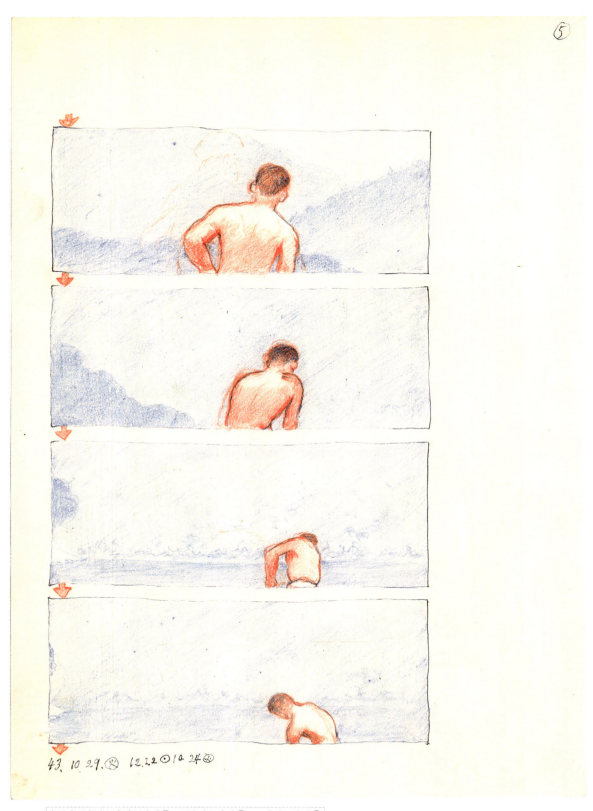

[昭和]43[年]10[月]29[日]㊋　12[月]22[日]㊐　12[月]24[日]㊋

ズーム効果　移動．音もズーム効果
背景動画キヤメラ右へまわる

ズーム効果　移動

ズーム効果　移動　滝の音はげしくなる

滝をすべりおりる　キヤメラ移動して右へ廻り

動体につけて先の位置より反対の方向となる。キヤメラ左へパン

43. 11. 5.㊋　11. 6.㊌　12. 27㊎

[昭和]43[年]11[月]5[日]㊋　11[月]6[日]㊌　12[月]27[日]㊎

ブクブクと水泡のような音
つづいて耳がワーンとうなるような音
それがいつか音楽になる。

もぐる人魚姫にキャメラをつけて移動.
もぐると同時に滝の音は消え、音楽始る.

つづいて王子ももぐって来る.
が人魚姫の動きが速い

行きすぎて方向転換

浮び上るのにキャメラつけて、移動.

43. 11. 14 (木) ― 11. 15 (金)

斜移動。黒点で合はす。

T.U. 背景だけ
マルチプレンにする。

夕焼けが美しい

瞳孔の距離によって
対象の距離を表現する。

[※王子と花嫁の婚礼の夜。人魚姫は究極の選択を迫られることになる。]

科白の終りに急激にズームアウト

ねえ ずい分鋭いでしょう
お日様がのぼらないうちに
あなたは王子の心臓をこれで
刺さなければいけないのよ。
あなたは 王子のあたたかい血があなた
の足にかかると あなたの足は
おさかなの尾になってもとの
人魚にもどれるのよ

さあいそいで!
ほら空がほんのりと
あかるんで来たわ。
さあ早く 早く。
ほら

[昭和]42[年]2[月]5[日]—43[年]1[月]10[日]改訂
金髪に改訂　48[年]11[月]27[日]花冠追加

[昭和]42[年]2[月]10[日]初稿　45[年]12[月]29[日]第2稿　46[年]1[月]2[日]第3稿
46[年]5[月]11[日]第4稿　7[月]17[日]㋑　↑⑪[昭和]46[年]12[月]7[日]

[※第4稿まで描き直している。さらに昭和46年の12月7日に補筆した際には4コマ目右上に血を描き足している。]

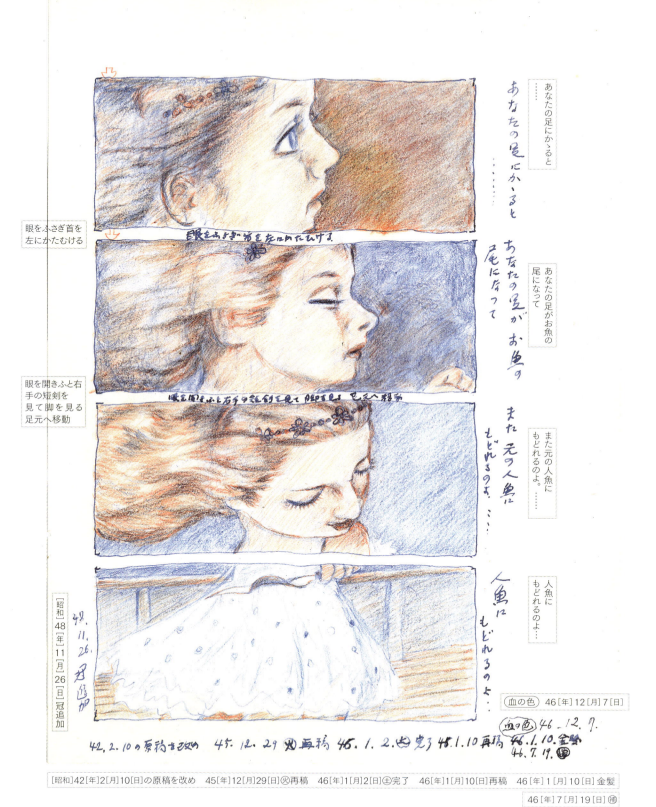

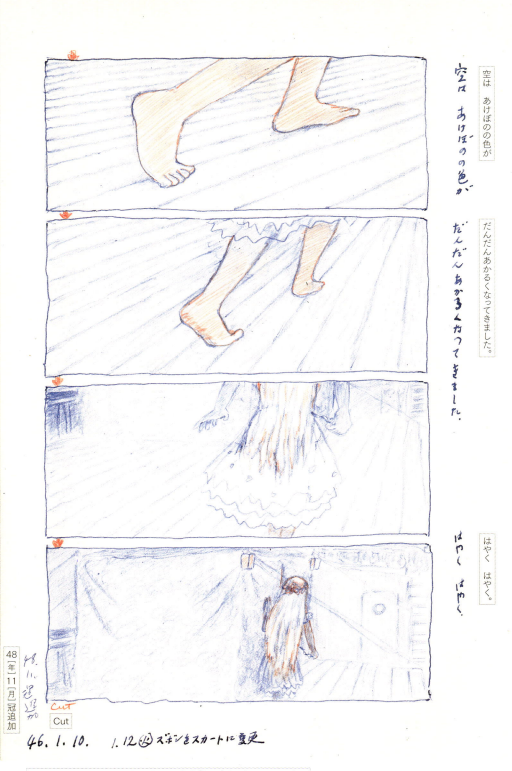

[昭和]46[年]1[月]10[日]　1[月]12[日]⑧　ズボンをスカートに変更

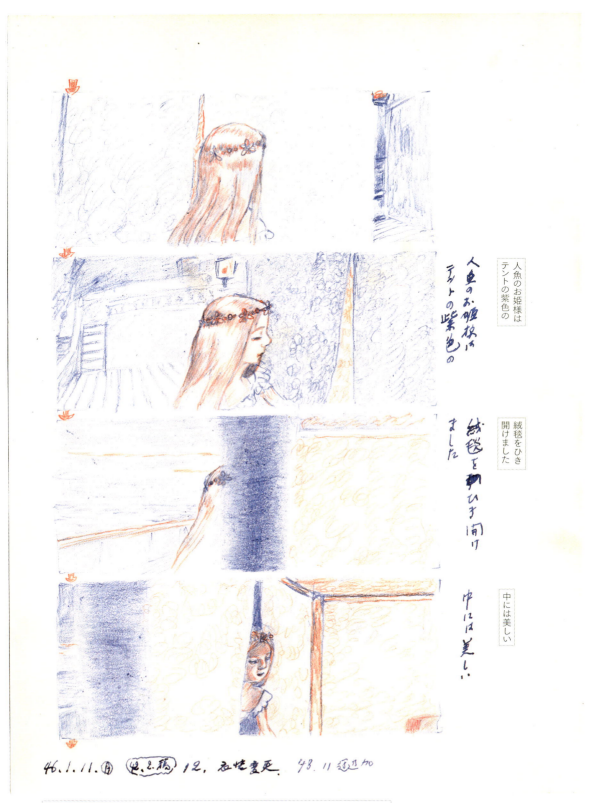

人魚のお姫様は
テントの紫色の

絨毯をひき
開けました

中には美しい

[昭和]46[年]1[月]11[日]㈪　42[年]2稿　12[月]衣装変更　48[年]11[月]冠追加

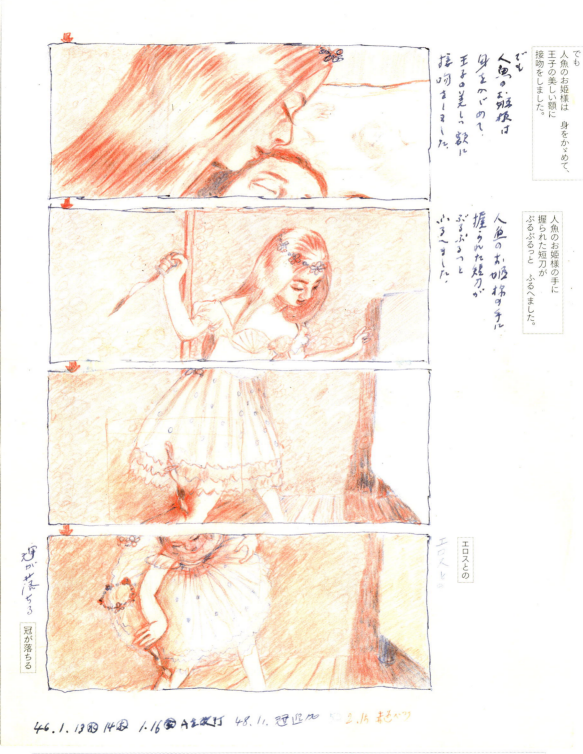

でも人魚のお姫様は　身をかゞめて、王子の美しい額に接吻をしました。

人魚のお姫様の手に握られた短刀がぶるぶるっと　ふるへました。

エロスとの

冠が落ちる

［昭和］46［年］1［月］13［日］㊌　14［日］㊍　1［月］16［日］㊏　Ａを改訂　48［年］11［月］冠追加　52［年］2［月］15［日］　赤色バック

昭和46［年］1［月］17［日］㊐

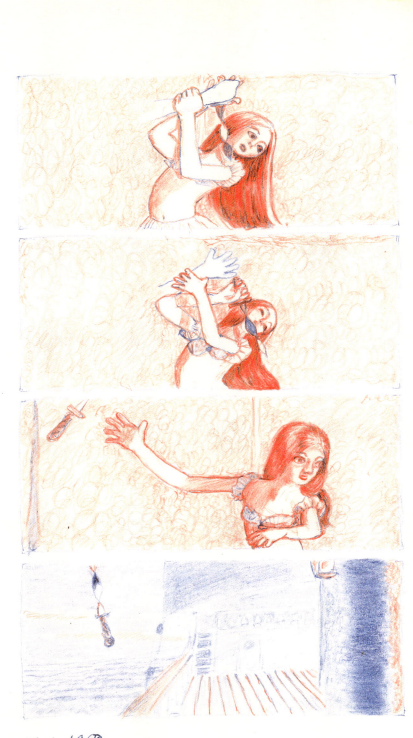

46.1.19㊋

[昭和]46[年]1[月]19[日]㊋

[昭和]42[年]3[月]18[日]㊏

身をおどらせて

とびこみました。

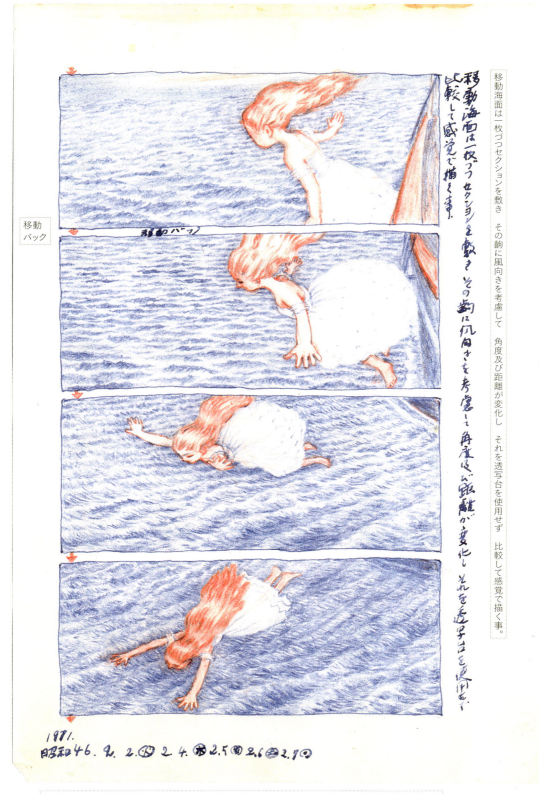

移動海面は一枚づつセクションを敷き その齣に風向きを考慮して 角度及び距離が変化し それを透写台を使用せず 比較して感覚で描く事。

1971.
昭和46. 2. 2.㊋ 2. 4.㊌ 2.5㊎ 2.6㊏ 2.7㊐

1971. 昭和46[年]2[月]2[日]㊋ 2[月]4[日]㊍ 2[月]5[日]㊎ 2[月]6[日]㊏ 2[月]7[日]㊐

[※船から海へと身を投げる一連の動作とカメラ・ワークのメモ。]

0798 47 ○○○○　安忠［憲三の弟］　3月10日土地会社行［土地会社とは政岡の実家の会社］

1971　昭和46[年]2[月]10[日]㈬　2[月]11[日]㈭　2[月]12[日]㈮　2[月]13[日]㈯
昭和50[年]12[月]9[日](1975)改訂　最終カット．音のモンターヂュ

府[俯]角25度　O.L.12齣で色変る

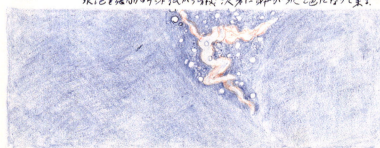

水泡を貼付けのケント紙から切抜
次第に躰が水泡になって来る。

遠くなった時　逆に水玉を切抜き
躰をエアーブラシュで描く

[昭和]42[年]4[月]7[日]㊎改め48[年]12[月]14[日]—15[日]—16[日]

27 苦悶する見えない魂を視覚化する為に。

人魚のお姫様は、自分のからだも同じ様に軽くなって泡の中からぬけ出て、だんだん上へのぼって行くのに気がつきました。

「どこへ、私は行くのでしょう?」姫は言いました。「空気の娘たちのところへ!」みんなが答えました。

人魚の娘には不死の霊魂というものがありません。

人間の愛を得なければ決してそれを持つことが出来ないのです。

S48.12.18. 改 22. 27. 28. 30. Syowa 49. 1. 1～1. 6.

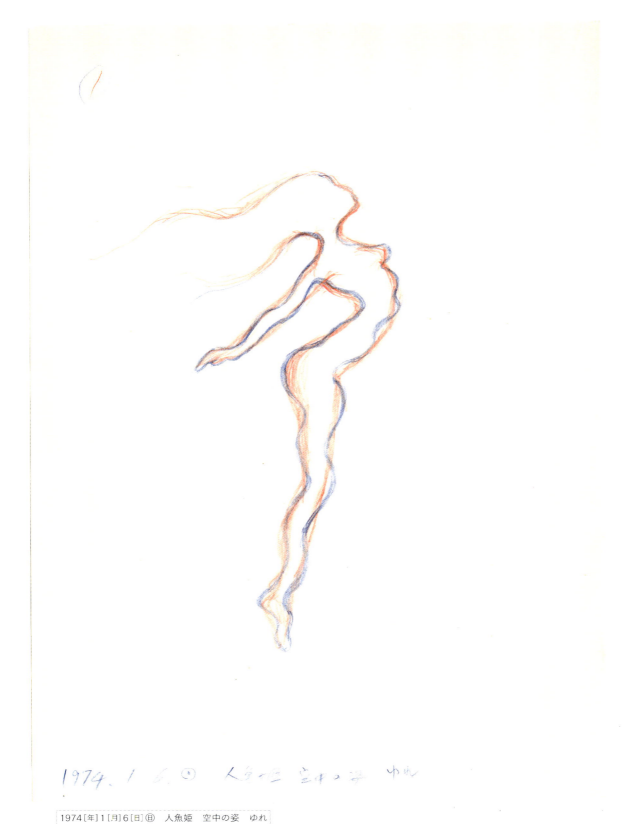

1974[年]1[月]6[日]㊐　人魚姫　空中の姿　ゆれ
[※1974年1月6日に集中的にデッサンを描いている。左上に順番とおぼしき番号が振られている。]

1974[年]1[月]6[日]㊐　人魚姫　空中の姿　ゆれの姿

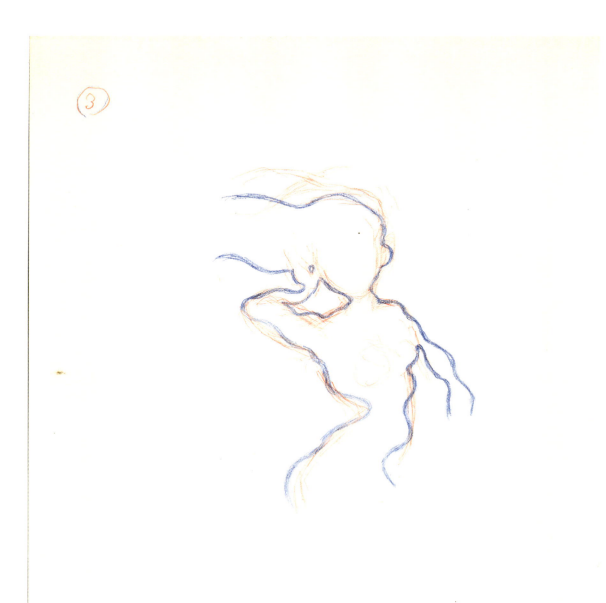

1974[年]1[月]6[日] 人魚姫の空中の姿

1974[年]1[月]6[日]㊐ 人魚姫 空中の姿

1974[年]1[月]6[日]㊐ 人魚姫　空中の姿

1974[年]1[月]6[日]㊐ 人魚姫　空中

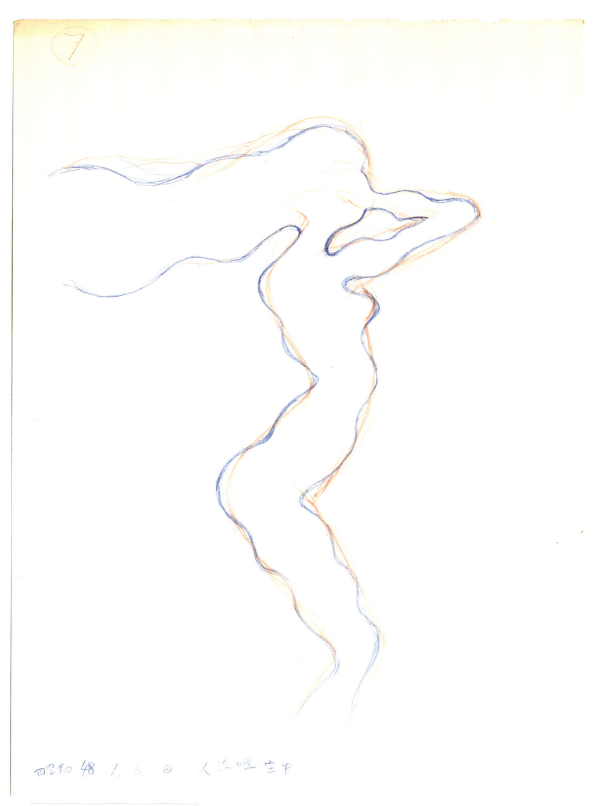

昭和48[年]1[月]6[日]㈯　人魚姫空中

1974[年]1[月]6[日]㊐ 人魚姫 空中の姿

[※人魚姫がいなくなったことに気づいた王子の姿か。]

1978[年]　昭和 5□ [昭和 53 年か？]

[昭和]42[年]5[月]10[日]㊌

1974[年] 1[月] 7[日]㊊

空気の精との話

A「お可哀そうな人魚のお姫様……
あなたも真心をつくして わたし達と
同じ様にお努めになりましたのね

B「そうして苦しんだり我慢したり
なさって、いま、空気の精の世界へ
のぼっていらっこっやってったのですね

C「これから善い行いをなされば
三百年の後には あなたも
不死の霊魂が授かりますよ。

42. 5. 5.

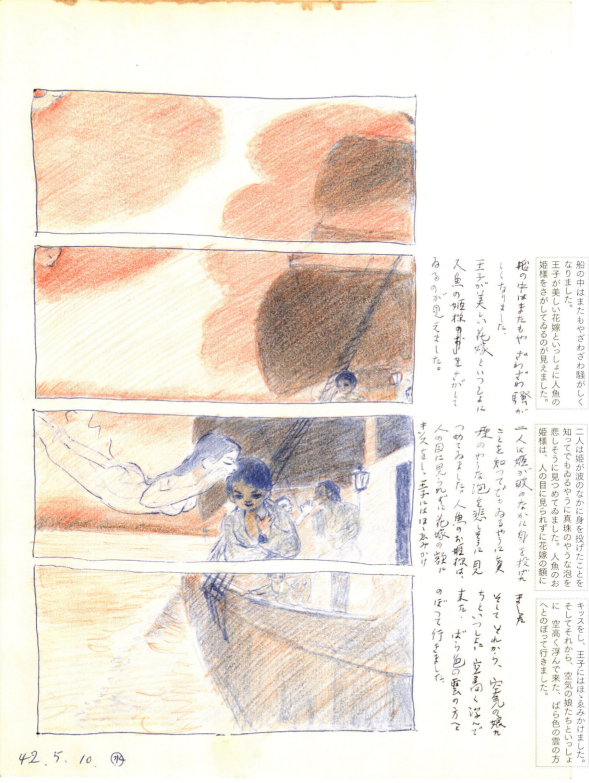

船の中はまたもやざわざわ騒がしくなりました。王子が美しい花嫁といっしょに人魚の姫様をさがしてゐるのが見えました。

二人は姫が波のなかに身を投げたことを知ってでもゐるやうに真珠のやうな泡を悲しそうに見つめてゐました。人魚のお姫様は、人の目に見られずに花嫁の額に

キッスをし、王子にはほゝゑみかけました。そしてそれから、空気の娘たちといっしょに 空高く浮んで来た、ばら色の雲の方へとのぼって行きました。

船の中はまたもやざわざわ騒がしくなりました。王子が美しい花嫁といっしょに人魚の姫様をさがしてゐるのが見えました。

二人は姫が波のなかに身を投げたことを知ってでもゐるやうに真珠のやうな泡を悲しそうに見つめてみました。人魚のお姫様は、また、ばら色の雲の方へとのぼって行きました。

キッスをし、王子にはほゝゑみかけ

42. 5. 10. ㊀

[昭和] 42 [年] 5 [月] 10 [日] ㊌

［※海に身を投げた人魚姫を探す王子と花嫁のデッサン。］

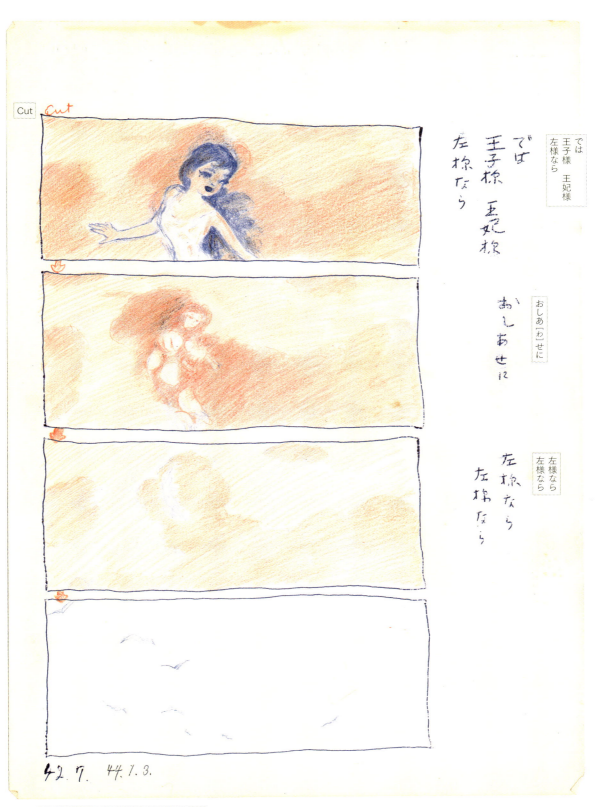

[※以下はおそらく没になった旧稿である。用紙を新しくして完成稿としたのが前ページまでの原稿である。
人魚姫の衣装などに違いがあり、完成に至るまでの過程がわかる貴重な資料である。]

[昭和]42[年]2[月]10[日]の原稿を改め　45[年]12[月]29[日]再稿
46[年]1[月]2[日]完了[一重線で消す]　第三稿

踊りの後

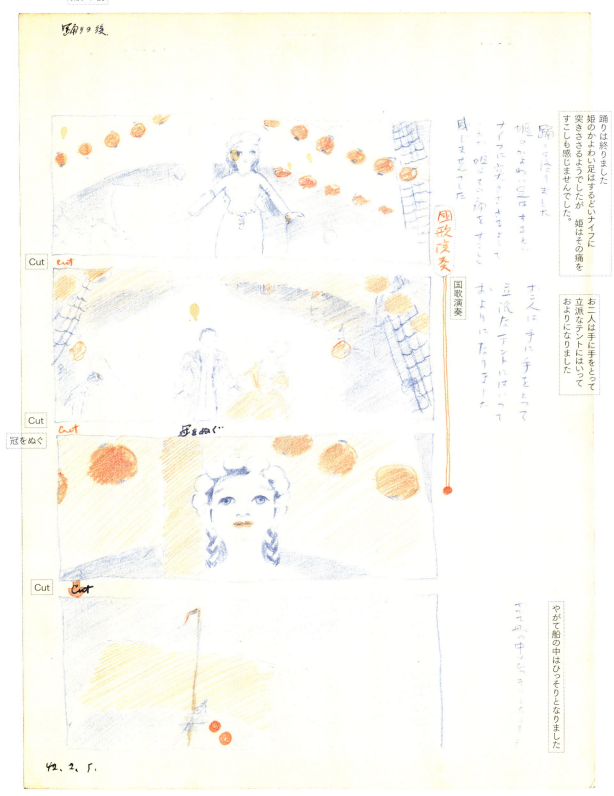

[昭和]42[年]2[月]5[日]

[※再稿（86 ページ）と比較すると、人魚姫の髪形・衣装も大幅に変更されたことがわかる。
また、再稿版（86 ページ）では新たにナレーション的な言葉も添えられていることがわかる。]

[昭和] 42 [年] 2 [月] 10 [日] 金 ～ 11 [日] 土　45 [年] 12 [月] 29 [日] 再稿につき破 [廃] 止

[昭和]42[年]2[月]12[日]㊐ □（判読不明）稿 ×

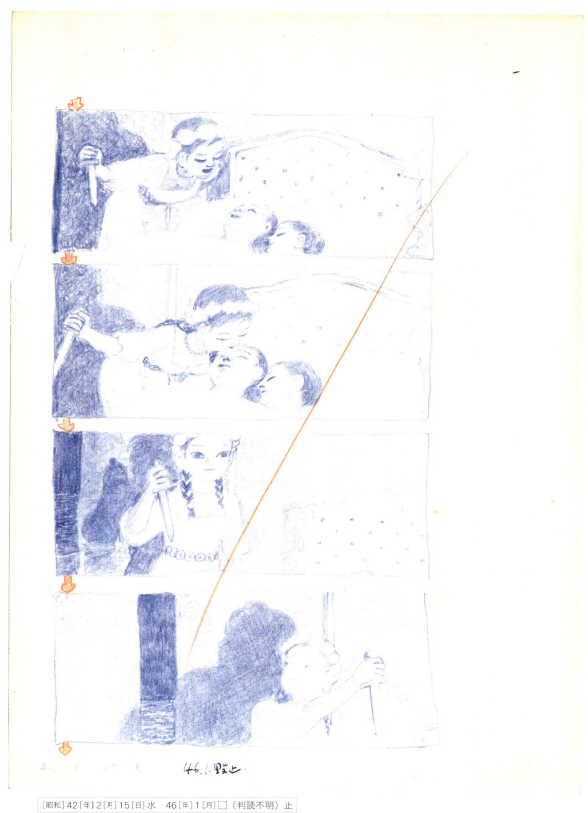

[昭和]42[年]2[月]15[日]水　46[年]1[月]□（判読不明）止

42.2.9.

14秒

[昭和]42[年]2[月]9[日]㊌

［※改訂によって没になった原鶴であることは、中央に大きく記されたバツマークでも明白である。］

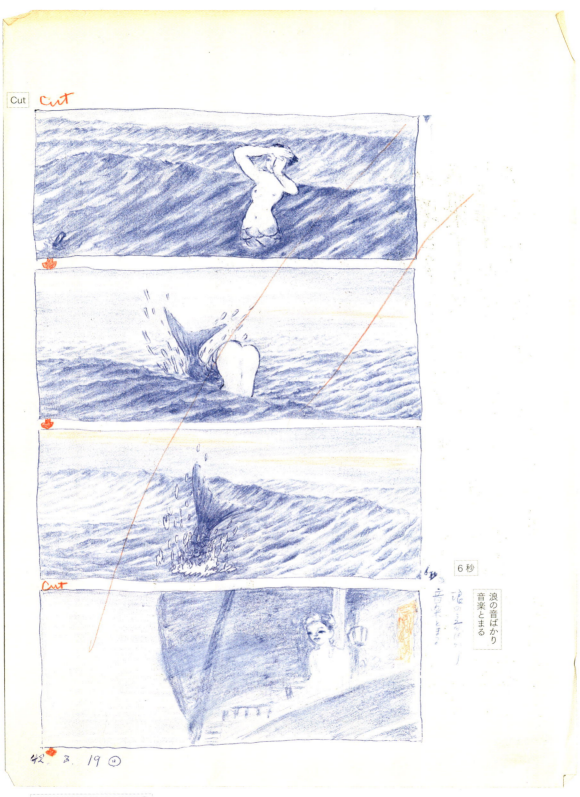

浪音にかぶって音楽はじめは低くやがてはげしくなって

やむ・ドボンと水音

[昭和]42[年]3[月]20[日]㈪

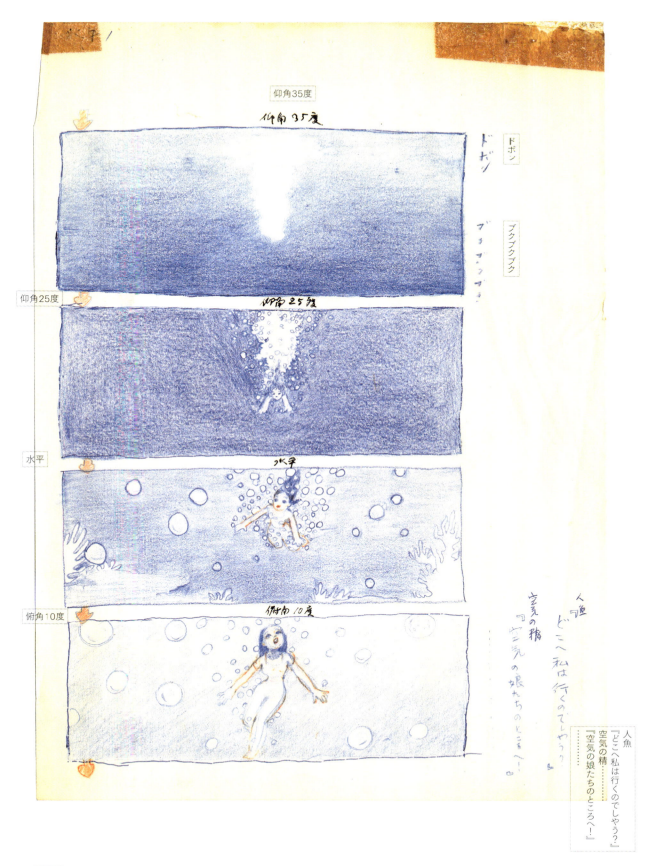

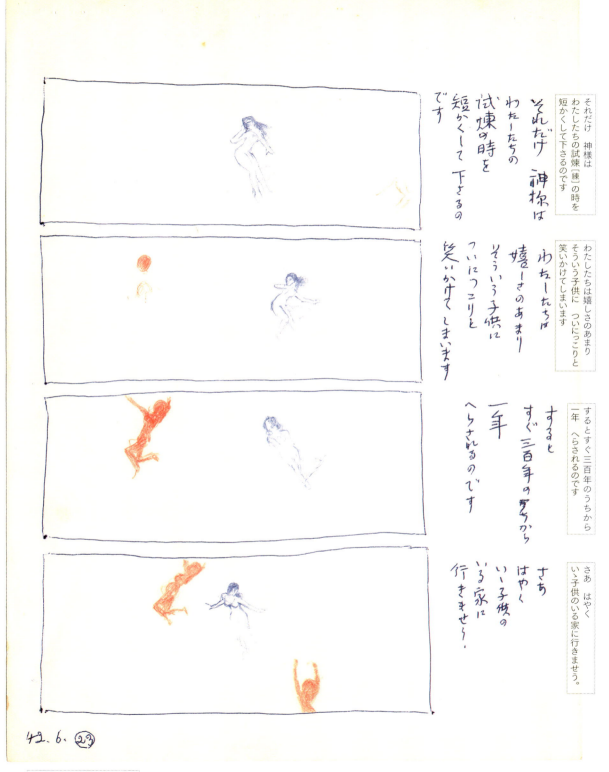

それだけ 神様は わたしたちの試煉[練]の時を 短かくして下さるのです

それだけ 神様は わたしたちの試煉の時を 短かくして下さるのです

わたしたちは嬉しさのあまり そういう子供に ついにっこりと 笑いかけてしまいます

わたしたちは 嬉しさのあまり そういう子供に ついにっこりと 笑いかけてしまいます

するとすぐ三百年のうちから 一年 へらされるのです

すると すぐ三百年のうちから 一年 へらされるのです

さあ はやく いう子供のいる家に行きませう。

さち はやく いい子供の いる家に 行きませう

[※空気の精との対話シーンは何度も改訂していたことがわかる。]

空気の精との対話

1974　昭和48[年]1[月]3[日]〜4[日]〜6[日]

[※以下は各シーンのためのデッサン類の一部である。]
[昭和]45[年]11[月]7[日]8[日]9[日] 推理によるスケッチ．モデルは使わず　1970　K.Masaoka.

昭和46年1月10日 日曜日 写真模写 K.Masaoka 1971.

昭和46年1月9日 写真複写模写 1971.

49. 9. 10 ㊋ 1974 人形姫表情修作.

Showa 49 nen 6[月]23[日] 1974

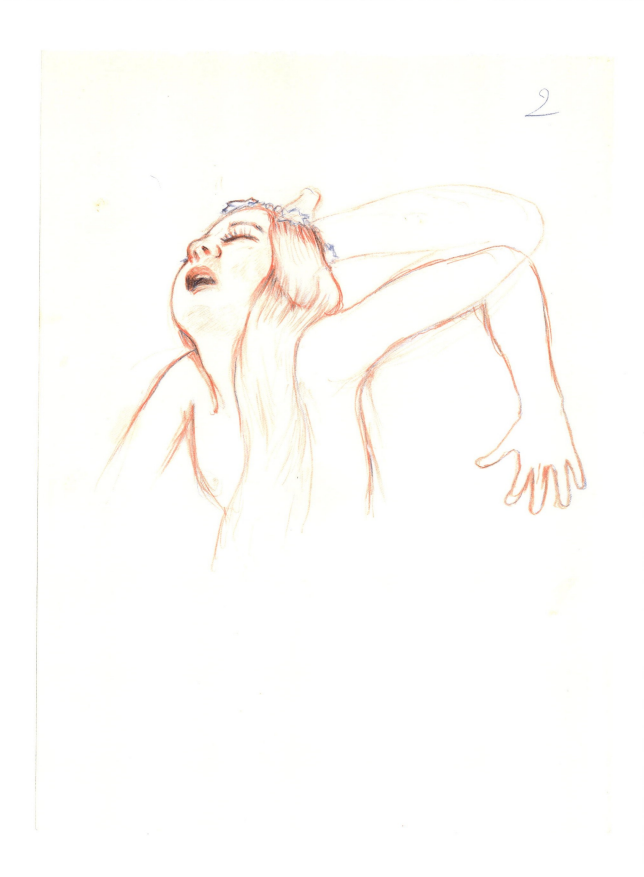

49.9.14㊏1974・人魚姫表情修作 2

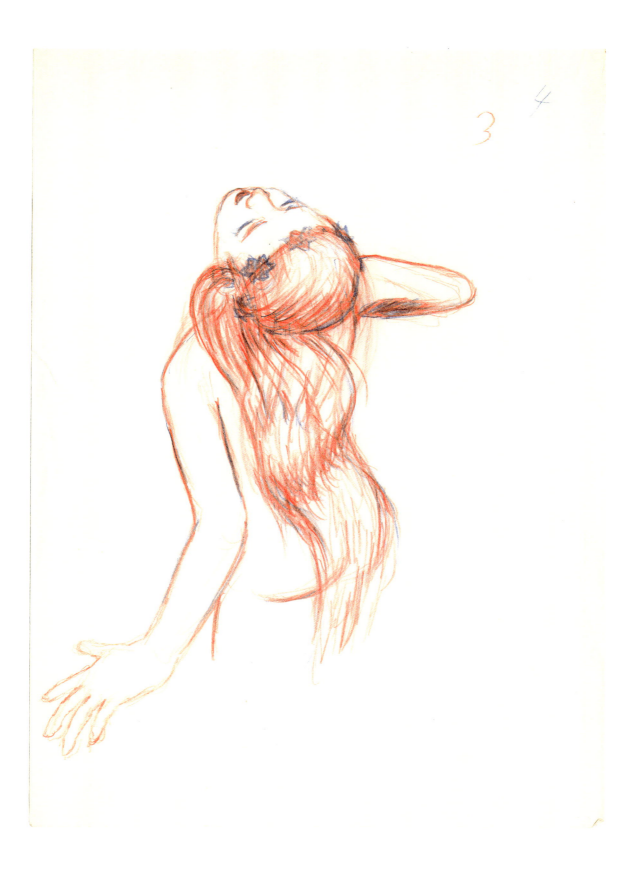

『人魚姫の冠』の絵コンテを読み解く

萩原由加里

1 『人魚姫の冠』とは

『人魚姫』とは、人間の王子に恋をした人魚姫を描いた童話である。人魚姫は魔女と取り引きし、人間の姿に変身して王子のもとに身を寄せるが、王子は人間の姫と結婚が決まってしまう。王子の愛を得ることが命を永らえる条件だった人魚姫は王子を殺そうとするが、断念し、海の泡へと消えていく。

政岡憲三がハンス・クリスチャン・アンデルセンの童話『人魚姫』を題材にしたアニメーションを構想していたことは随所で語られてきた。このおなじみのアンデルセン童話に、一部に政岡オリジナルの設定を盛り込みながら『人魚姫の冠』の企画を進めていたようである。

本作は、絵コンテとデッサンが残されていたが、作品としての絵コンテ自体は未完成に終わっている。原本は行方不明だが、全ページをスキャンしたデジタル・データだけがかろうじて残されていたことから、内容を確認することができる。つまり、この絵コンテ集を刊行する目的は、単に政岡の未完の絵コンテを補足しながら刊行するというだけでなく、失われたのかもしれない絵コンテを公開することで、政岡の遺作を世に広めるという意図も併せ持っている。

絵コンテとデッサンは、主に1967年から74年にかけて執筆している[1]。数枚の例外を除けば、絵コンテとデッサンともに一枚一枚に日付を記録していて、さらに改稿や加筆・修正した日付もメモがあるので、具体的にどのような順番で作業を進めていったのかを特定することも可能である。

◉保管の状況

政岡憲三は『人魚姫の冠』の絵コンテとデッサンを4冊のファイルに分けて保管していたとされる。この解説では、ファイルをIからIVまでにナンバリングして、ファイルに保管された内容と物語の構想との関連性についても補足しておきたい。

①ファイルI
　絵コンテ　46枚
　デッサン　4枚
　ファイルIに収録された絵コンテは、王子を慕う人魚姫が薬を飲んで人間になる場面から始まり、王子によって宮殿に迎え入れられるまでを描いている。

これよりも以前の場面は絵コンテ化されてい

（1）1974年を最後に作業はいったん途切れるが、77年に1枚だけ人魚姫のデッサンを描いている。

ない。しかし、ファイルIVには、人魚姫に手術を施そうとする魔女や、その手術を受けている人魚姫を描いたデッサンが残されており、政岡としては絵コンテ化する意図はあったようだ。

②ファイルII

　絵コンテ　13枚

　デッサン　3枚

　人魚姫と王子が海まで遠乗りに出かけて、2人で泳ぐシーンを描いている。デッサンでは登場人物の動きと、それを追うカメラの移動の計算をメモしている。

③ファイルIII

　絵コンテ　36枚

　デッサン　5枚

　人魚姫が姉たちからナイフを受け取り、人魚に戻るために王子を殺そうとする場面から始まる。おそらくは、一般的に知られる人魚姫という作品のストーリー展開に、ファイルIIからIIIまでの間には、王子が人間の姫と結婚することになるくだりを描く予定だったと推察できる。この場面に関してはデッサン類も残されていないが、関連する資料から政岡がイメージしてい

た図像は推察できる（後述する）。

　そして、王子を殺すことができなかった人魚姫は、ナイフを投げ捨て、自らも海へと身を投げる。人魚姫の身体は徐々に泡となり、最後は天へと昇っていく。

④ファイルIV

　デッサン　44枚

　ファイルIVは他のファイルとは異なり、デッサンだけを収めている。人魚姫の表情やポーズに関するデッサンを熱心におこなっていたことがわかる。

　このように、特定の場面以外には絵コンテどころかデッサンさえも残されておらず、作品全体の構成も不明であり、映像化しようにも難しい状態である。

　本書が単なる絵コンテ集ではない理由は、未完成に終わっており、欠落しているシーンが多数あるためである。そこで政岡本人による他の執筆物、さらに政岡が『人魚姫の冠』を執筆する際に参考にした可能性がきわめて高い書籍を手がかりにしていく。

2　『アンデルセン童話集』を手がかりに
ストーリーと設定を知るヒント

　本書の目的は、政岡が抱いていただろう『人魚姫の冠』の構想を各種資料を補足することで推察して、政岡の最後の仕事を世に送り出すことである。前半では主に政岡が抱いていただろうコンセプトを、後半では注目すべき絵コンテ

やデッサンを個別に取り上げて解説していく。

　ファイリングの状況をみてもわかるように、欠けている場面があまりにも多く、物語としての全体像が見えにくい状態である。一部の場面

には何度も手を入れ、度重なる改稿を経るほど
の熱の入れようでありながら、逆にデッサンさ
えも一切描いていない場面もある。

　この作品の構成とりわけ欠落しているシーン
を推察する手段として、2つの方法がある。そ
れは、政岡の他の著作物に人魚姫を題材にした
作品があり、その話の構成（どのような場面が描
かれているのか）を参考にすること、そして、絵
コンテに部分的に書いてある台詞の類いから、
政岡が台詞や地の文の直接的な引用元とした可
能性が高い書籍を参考にすることである。

　描いていない場面は、政岡がアニメーション
化にあたって映像化する必要がないと考えてい
た可能性も否定できない。だが、作品として映
像化しなくても、制作者が世界観として考えて
いた物語の流れはあったはずだ。それを考える
1つ目のヒントが絵コンテに記されている。

　姉からナイフを受け取り、王子を殺すかどう
か人魚姫が葛藤をする一連の場面（ファイルⅢに
収録された絵コンテ）では、他のファイルと比べ
るとやや分量が多めに台詞と地の文を記入して
いる。この文章に、政岡がどの話を参考にして
この絵コンテを構想したのかを知る大きな手が
かりが隠されている。

●葛藤する人魚姫

　注目したいのは、人魚姫が姉たちからナイフ
を渡されて、王子を殺せば人魚に戻れると教え
られてからの場面である。

　85ページでは人魚姫の横顔をクローズアッ
プして、「あなたの足にかゝると………」「あな
たの足がお魚の尾になって」「また元の人魚に
もどれるのよ。……」「人魚にもどれるのよ…」
とあるが、ここでは全て「あなたの」という二
人称になっているのがポイントである。これは
前の絵コンテを受けての記述なのである。

　この絵コンテの2枚前、83ページは、姉たち
がナイフを人魚姫に渡しにくるシーンを受けて
のものである。1コマ目の枠外には、姉たちが
人魚姫に呼びかけた台詞を書いている（改行な
どは原文ママ）。

　　ねえずい分鋭いでしょう
　　お日様がのぼらないうちに
　　あなたは王子の心臓をそれで
　　刺さなければいけないのよ。
　　王子のあたたかい血があなたの
　　足にかゝると　あなたの足はお
　　さかなの尾になってもとの人魚に
　　もどれるのよ

　この後の85ページ、つまり「あなたの」と
いう二人称とともに人魚姫の横顔をクローズ
アップで描くシーンの1枚前にあたる84ペー
ジの絵コンテでは、人魚姫が姉たちの言葉を反
芻している。1コマ目でナイフを受け取り、2
コマ目では「王子の心臓をこれで刺さなければ
いけないのよ」という言葉が、そして3コマ目
で「刺さなければいけないのよ」と言葉を繰り
返す様子を横顔から捉え、「トラックアップ」
を指示するコメントも添えてある。最後の4コ
マ目で「王子のあたたかい血が」という言葉と
ともに、人魚姫の表情にトラックアップしてい
く。つまり、この「あなたの」とは、姉たちが
人魚姫に呼びかけたときの言葉を何度も思い返
し、人魚姫が王子を殺しにいく決意を固めるこ
とを表現しているのである。

　そして、この姉たちとのやりとりときわめて
よく似た文章をある書籍に見いだすことができ
る。

　以下は、『完訳　アンデルセン童話集』第1

巻[2]（以下、『アンデルセン童話集』と略記）に所収してある「人魚姫」の同じ場面の記述である。

　　「わたしたち〔人魚姫の姉たち：引用者注〕は、髪の毛を魔女にやってしまったのよ。あなた〔人魚姫：引用者注〕を今夜死なせないように、魔女に助けをかりにいったの。そうしたら、わたしたちに短刀を渡してくれたの。ほら、これがそうよ。ずいぶん鋭いでしょう。お日様がのぼらないうちに、あなたは王子の心臓を、これで刺さなければいけないのよ。王子の暖かい血が、あなたの足にかかると、あなたの足はまた、いっしょにくっついて魚の尻尾になって、あなたはまた、もとの人魚にもどれるのよ」（153ページ）

　このように両者の記述はほぼ一致しており、単なる偶然ではなく、政岡が『アンデルセン童話集』の記述を参考にしながら、この場面の絵コンテを描いていた可能性が出てくる。
　他の場面でも、『人魚姫の冠』と『アンデルセン童話集』とを比較してみると文章が共通している部分が出てくる。

　　人魚姫は、天幕の紫いろのカーテンをひきあげました。なかには、美しい花嫁が王子の胸に頭をもたせて眠っていました。
　　（『アンデルセン童話集』153ページ）

『人魚姫の冠』の同じ場面で、87ページから88ページにかけての地の文を抜き出してみると、このようになる。

　　人魚のお姫様は
　　テントの紫色の

絨毯をひき開けました
中には美しい
花嫁が王子の胸に頭をもたせかけて眠ってゐました。

　この場面では「人魚姫」が「人魚のお姫様」となっていたり、「カーテン」が「絨毯」となっているなど、わずかな語句の違いはある。しかし、文章の流れは両者ともほとんど一致しているので、やはり政岡が『アンデルセン童話集』を参考にしていたと考えられる。
　そもそも先に挙げた84ページと85ページは、作業メモから原稿を何度も描き直したことがわかる。当初、116ページを第一稿として描いたものの、作業が進むにつれて没になった[5]。そして新たに描き直した第二稿が85ページなのである。第一稿の段階でも、やはり『アンデルセン童話集』に倣った記述をしている。
　記述の共通点は、物語のエンディングでも確認できる。人魚姫の最後、海に身を投げて泡と化して、天へと召されていく一連の場面である。この場面も、先に挙げた葛藤する人魚姫の場面と同様に改稿しており、政岡が特に力を入れた場面だったことは想像に難くない。

　　人魚のお姫様は、自分のからだも同じ様に軽くなつて泡の中からぬけ出てだんだん上へのぼつて行くのに気がつきました。
　　「どこへ、私はいくのでしょう？」姫は言いました。
　　「空気の娘たちのところへ！」みんなが答えました。
　　人魚の娘には不死の霊魂というものがありません。
　　人間の愛を得なければ決してそれを持つことが出来ないのです。（『人魚姫の冠』99ペー

ジ）

　同じ場面を『アンデルセン童話集』で探すと、以下のような記述を見いだすことができる。

　（略）人魚姫は、自分のからだも同じように軽くなって、あわの中からぬけ出て、だんだん上の方へのぼって行くのに気がつきました。
　「わたしはどこへ行くのでしょう？」と、姫は言いました。
　（略）
　「空気の娘たちのところへですよ！」と、みんなが答えました。「人魚の娘には、不死の魂というものありません。人間の愛を得なければ、決してそれを持つことはできないのです。（略）[4]」

　この場面では、『アンデルセン童話集』の台詞などを要約しながら絵コンテに引用していることがわかる。
　そして、空気の精の世界へ上った人魚姫は、300年という時間をかけてよいことをすることで不死の魂を授かることを教えられる。この設定は、『アンデルセン童話集』に依拠したものになっている。
　このように、台詞に至るまで、ある程度、詳細な物語を政岡は想定していたのである。

（2）『完訳 アンデルセン童話集』第1巻、大畑末吉訳（岩波文庫）、岩波書店、1984年（初版：1938年、改訳：1963年）。なお、本書での引用は全て1984年の改版を使用している。
（3）再稿では、人魚姫が心の葛藤を繰り返すことで強調されている。
（4）前掲『完訳 アンデルセン童話集』第1巻、154―155ページ

3　絵本を手がかりに
さらなるストーリー展開のヒント

　実は政岡が『人魚姫』という作品に関わるのは、この『人魚姫の冠』が初めてではない。1950年代に一度、絵本として作品化している。
　冒頭で紹介したように「日本アニメーションの父」とされている政岡だが、アニメーション制作の現場で第一線に立っていたのは1930年から50年にかけての約20年間である。
　政岡がアニメーションの世界から退いた1950年当時、まだ50代。現代の感覚でいえば、これからもアニメーション業界の大御所として活躍できそうなものだが、当時のアニメー

ション制作の現場は体力的に過酷なものだった。政岡は、『くもとちゅうりっぷ』の制作当時から健康面での問題も抱えていた。撮影時のライトの光が原因で目を傷めており、失明の危険性さえもあった。また、戦後の日本社会の経済的な混乱に巻き込まれ、政岡が所属していた日本動画社というアニメーション制作スタジオも経営難に陥ってしまう。
　そこで1950年代から60年代にかけてはアニメーションの世界を離れ、児童向け雑誌を中心に挿絵画家として活動することになる。主に小

学館が発行していた月刊の幼児・児童向け雑誌で挿絵を手がけるようになったのである。

やがて1950年代後半には、雑誌の本誌に加えて、付録として制作された別冊形式の絵本にも関わるようになっていく。これらはどれも、『いっすんぼうし』や『しんでれら』『おかしのいえ』といった童話や昔話を題材にしたものが中心である。そして興味深いのはこの別冊の絵本で政岡がどのように挿絵を担当したのかということであり、それは、人形を撮影するという方法をとっているのである。本誌の挿絵でも、同時期から人形やミニチュアセット、そしてときには人間を使った写真をもとにした挿絵を採用するようになっている。

このような別冊付録の一つとして、「人魚姫」を題材とした絵本の制作にも関わっている。それが、教育えほん『にんぎょひめ』である。

教育えほん『にんぎょひめ』（以下、絵本『にんぎょひめ』と略記）は、月刊誌「幼稚園」1956年9月号（小学館）の付録である。スタッフは「政岡憲三・製作、大谷藤子・ぶん、久米宏・写真」となっている。本文は10ページで、表紙と裏表紙を含めて14枚の挿絵で構成している。

使用している14枚の挿絵画像と、そこで描いているシーンは以下のとおりである。

× ・表紙（1枚目）：海のなかで魚やサンゴに囲まれる人魚姫。

× ・2枚目：人魚姫が姉たちと海底で戯れている。

× ・3枚目：王子が乗った船を見かける。空には盛大に花火が打ち上げられている。

× ・4枚目：王子が乗った船が嵐で転覆し、人魚姫が救い出す。

× ・5枚目：人魚姫によって浜辺まで運ばれた王子を、近くにあった修道院の女性が助ける。

△ ・6枚目：人魚姫が不気味な魔女のもとを訪れる。

○ ・7枚目：人間の姿に変身した人魚姫は、宮殿の海へと下りていく階段に倒れている。王子がその姿を見つけて駆け寄っていく。

○ ・8枚目：人魚姫が海へと遠出する。人魚姫は動きやすいようにズボンをはいている。

○ ・9枚目：王子は、人魚姫でない別の人間の女性と結婚式を挙げる。

× ・10枚目：船の上では華やかな結婚祝いの宴が催され、新郎新婦の前で舞が披露されている。

○ ・11枚目：魔女と取り引きした人魚姫の姉たちが、人魚姫が人間に戻るためのナイフを渡しにくる。

○ ・12枚目：王子と殺そうとナイフを手にし、王子たちが眠るテントをまくり上げる。

○ ・13枚目：まさに朝日が昇ろうとしたそのとき、人魚姫は船から海へと身を投げる。

○ ・裏表紙（14枚目）：少女たちに囲まれて天へと昇っていく人魚姫。

一般的に知られている『人魚姫』という物語に沿った展開である。

この『にんぎょひめ』の内容が『人魚姫の冠』ではどうなっているかを比較すると、次のようになる。

上記の14枚に付けた○印は、絵コンテとしてある程度描かれているシーン。

△印はデッサンだけが描かれているシーン。

×印は絵コンテとデッサンのどちらもない。

これをみると、物語の後半を中心に人魚姫が人間の姿になってからのシーンを絵コンテとし

て描いていることがわかる。前半部分をアニメーションで一切描かないという可能性は低く、またデッサンとしてではあるが、魔女と魔女によって手術を施される人魚姫を描いていることから、いずれは絵コンテ化するつもりだったのだろう。そして、描かれることはなかった前半部分も、大まかな物語の流れは『アンデルセン童話集』や『にんぎょひめ』に沿った内容だとみるべきだろう。

そして政岡は『人魚姫の冠』という作品の見どころを、後半部分にあると考えていたのではないだろうか。改稿してまで何度も手を入れた人魚姫が葛藤をするシーンが、本作の最大の見せ場だった可能性が高い。

このシーンの旧稿は116ページだが、改稿にあたって用紙を改めて一から描き直した第四稿が85ページである。そして、用紙を改めた後も改訂を加えている。数ある絵コンテのなかでも、改訂や改稿の記録の形跡が最も多いことから、政岡が力を入れていたことがうかがえる。

度重なる改訂の痕跡は、政岡本人によるメモ以外からも読み取れる。絵コンテはどれも色鉛筆を用いて描いているが、「冠を追加」では万年筆を使って冠を描き足している。しかも、冠を追加したのは1973年であり、度重なるトラブルでアニメーション企画が頓挫した後である。最後の最後まで、このシーンにはこだわっていたのである。

4　時代考証
政岡が求めた「珍しさ」と「美しさ」を読み解く

ところで、政岡が1950年代に精力的に取り組んだ絵本挿絵の仕事は、この『人魚姫の冠』という作品を読み解くにあたってのさらなるヒントを与えてくれる。

「幼稚園」1957年4月号（小学館）付録の『しんでれら[5]』は、やはり絵本『にんぎょひめ』と同じく、政岡が手がけた人形とミニチュアセットを写真撮影し、それを挿絵とした絵本である。『しんでれら』の注目すべき点は、政岡のコメントが写真入りで巻末に所収してあることだ。ここに、作品を視覚化するにあたっての政岡の時代考証に対する理念が語られている。

　　「しんでれら」の製作を終って
　　　政岡憲三

「むかし、むかし、あるところに」ではじまるおとぎばなしでもおよその時と所とがあるものです。

しんでれらの時と場所を決定する2つの要素は、時計と宮廷のダンスで、この2つは、17世紀以後のヨーロッパという事をはっきりさせています。そしてこの物語を書いた、シャルル・ペローという人は1628年から1703年の人ですからやはり17世紀のことでしょう。製作にあたって、私はとくに、ルイ15世の時代それも1750年から1760年頃の風俗をとりいれることにしました。というのは、ふたりの醜い姉に

───────────────
（5）「幼稚園」1957年4月号（小学館）付録『しんでれら』の詳細は以下。政岡憲三・製作、大谷藤子・ぶん、久米宏・写真

おかし味をつけるために、髪型の高いのが欲しく同時にしんでれらには、そうしたくなかったので、ちょうど髪型が高くなり初めた頃を選んだわけです。といっても別に、時代考証の正確さが目的ではなく、珍しさと、美しさ、調査がたいせつなのですから、今の感覚からみてあまり変に感じられないようにくふうしました。

政岡がいう「およその時と所」は、時代考証の作業に相当する。『人魚姫の冠』でも、どの時代の、どのような風俗を参考にして描くかを検討した跡が確認できる。ここでは、登場人物だけでなく、物語の舞台ともいうべき美術設定の要素も挙げながら、政岡がどのような設定をしていたのかを解説していく。

●宮殿のデザイン

アンデルセンの母国であるデンマークには人魚姫の像があるように、『人魚姫』のモデルになった土地にはデンマークが挙げられる。だが、政岡はアンデルセン童話だけにとらわれず、宮殿をアニメーションで描くにあたって画面映えするデザインを求めて各国の城について調べた形跡がみられる。

例えば18ページは、王子が住む宮殿のデッサンである。人魚姫が薬を飲んで変身する場面で、実際に登場しているが、とりわけ塔のデザインに重点を置いている。候補として3つの実在する城を参考にしている。

「スペイン」とあるのはセゴビア城のことである。「スフォルツァ城　14　15世紀」とあるのは、イタリアのミラノにあるスフォルツェスコ城である。そして「デンマーク　フレデリックボルク　1660　1848」は、アンデルセンの母国であるデンマークのフレデリックボー城であ

る。

この3つの候補のなかから絵コンテとして実際に採用したのは、フレデリックボー城である。実際の絵コンテで見ると17ページでは、人間の姿へと完全に変身した人魚姫から、徐々にカメラが「Pan up」したうえで、宮殿の尖塔がO.L.(オーバーラップ)という指示とともに映し出される。

宮殿の外見は、王子が人魚姫を宮殿に招き入れる場面で再び描いている。45ページと46ページでは、並んで歩く2人の姿から、カメラが徐々に上へと移動し、城から空の鳥へ、そして城の煉瓦や瓦までも一つ一つ丁寧に描き込んだ背景から、鳥を追うようにして移動し、宮殿の窓からバルコニーへ、そして宮殿の入り口を入っていこうとする2人の姿を背後から捉える。この一連のシーンでは、政岡も「困難を感じ難渋す」と記しており、登場人物と背景とのカメラワークやカットの切り替えで悩んでいたことがうかがえる。

ところで、宮殿の外見はフレデリックボー城をイメージしていたが、政岡の大胆なところは、さまざまな時代と国を参考にしながら絵コンテ化している点である。先にふれた教育えほん『しんでれら』の巻末で「といっても別に、時代考証の正確さが目的ではなく、珍しさと、美しさ、調査がたいせつなのですから、今の感覚からみてあまり変に感じられないようにくふうしました」と述べているように、宮殿の時代考証の厳密さに固執するのではなく、アニメーションの背景として描いた際に引き立つようなデザインを選択している。

49ページは、人魚姫を王子が宮殿内に迎え入れてからのシーンである。王子が人を呼びにいっている間、人魚姫は1人で室内に待たされる。『アンデルセン童話集』風に言えば、それ

まで「海の底」にある「人魚の王様のお城」に住んでいた人魚姫にとって、人間の世界、とりわけ宮殿のなかは全てが珍しかった。「始めて見る人間の世界！　ロココ風の建築美が我々の目をうばう」という枠外のコメントがあるが、宮殿の内装や家具が細部までデザインされている（48ページから67ページにかけて）。『アンデルセン童話集』でも、また『にんぎょひめ』でも描いていない宮殿内の装飾を政岡は詳細に想定していて、丹念に描いている。

●登場人物たちの衣装

　ところで、先にもあげた絵本『にんぎょひめ』は、政岡が把握していた『人魚姫』という物語の流れを知るだけではなく、この物語の登場人物や背景をどのように視覚化していたのかを知る貴重な手がかりになる。なぜならば、ストーリーの流れだけではなく、登場人物の一部は『人魚姫の冠』と同じ装束を身にまとっているという共通点を見いだすことができるからである。『アンデルセン童話集』では、人魚姫の装束の色やデザインまでは詳細に書かれていない。また、『アンデルセン童話集』では挿絵は2枚だけで、しかも白黒のために色彩がわからない。
　『にんぎょひめ』では、人魚姫は金髪碧眼で、花と真珠をあしらった冠をかぶっている。そして、教会でおこなわれた王子の結婚式に臨席した際には白いドレスを、そして船の上での結婚の祝宴では水色の地に水玉のような文様をあしらった衣装を身にまとっている。
　『人魚姫の冠』では、教会での結婚式のシーンは描いていない。ただし、船の上での祝宴後のシーンは、絵コンテを描いている。そこでは、人魚姫は絵本と似た水色のドレスを身にまとっているのである。

　絵コンテ（85ページ）では人魚姫のスカートの裾をクローズアップするが、丸い紋様を丁寧に描き込んでいる。ただし、絵本『にんぎょひめ』のドレスは長袖のうえに、さらに薄布を羽織っているのに対して、『人魚姫の冠』では腕だけでなく両肩までもむき出しのデザインになっている。このように、絵本の際の人魚姫の衣装をそのまま活用するのではなく、一部アレンジしながら取り入れているのである。
　なお、最初から絵本『にんぎょひめ』を参考にして衣装を採用していたわけではない。同じシーンで没になったいわゆる第一稿（116ページ以降）では、髪は2つに分けて三つ編みにしているうえに、何よりこの作品のタイトルにもなっている「冠」を付けていない[6]。
　さらに人魚姫はズボン姿だった。人魚姫がズボンをはいているという設定を不思議に感じる人もいるかもしれないが、『アンデルセン童話集』を読むと「王子は姫のために、男の服をこしらえさせて、遠乗りのおともをさせました」という記述がある。実際、政岡による『人魚姫の冠』でも、馬に乗って2人で海を訪れるシーンがあるし、絵本『にんぎょひめ』でも、ズボンをはいて男装をした人魚姫が、王子の助けを借りながら急な山を登っていく場面を描いている。この場面で、人魚姫の衣装にはズボンという選択肢もある、と政岡は考えたのだろう。
　ところで、再び絵本『しんでれら』に目を向けてみたい。この絵本でもう一つポイントになるのが、王子の服装である。政岡の巻末コメントにあるように、女性の登場人物の一部に関してはルイ15世時代の風俗を参考にしている。それは王子の服装や髪形も同様で、同時代のものをイメージしていたようである。

（6）この場面で、当初の絵コンテでは冠をつけていなかったが、
　　途中の修正段階で冠を加筆した跡がある。

この『しんでれら』と『人魚姫の冠』に登場する2人の王子の服装を比較してみると、デザインで共通点を見いだすことができる。人魚姫が王子に保護された際、全裸だったので、王子は自らの上着をかけてやる。その上着は青い布地で、大きめの袖には豪華な装飾が施されている。この袖のデザインは、『しんでれら』での王子の上着とよく似ているのである。

おそらく政岡は、『人魚姫の冠』で王子を描くにあたって、衣装も細部まで設定することに

した。その際に参考にしたのが、過去に『しんでれら』を描くために収集した資料を再利用したのだろう。姫をエスコートする優雅な王子の服装としてふさわしい、前述した「時代考証の正確さが目的ではなく、珍しさと、美しさ、調査がたいせつなのですから、今の感覚からみてあまり変に感じられないようにくふうしました」という政岡の理念を、この『人魚姫の冠』の時代考証と美術設定でも貫いているのである。

5　政岡による独自の物語

一方で、『にんぎょひめ』や『アンデルセン童話集』にはない、政岡独自と考えられる設定や物語も盛り込んでいる。

◉魔女

『アンデルセン童話集』によれば、人魚姫は人間の姿になることと引き換えに、魔女と取り引きしてその美しい声を失ってしまう。『アンデルセン童話集』では、そのくだりを以下のように書いている。

「それから、わたしにお礼のことも、忘れないでもらいたいね。」と、魔女は言いました。「でも、わたしのほしいってものは、ちょっとやそっとのものじゃないんだよ。おまえさんは、この海の底にいるだれよりも、一番いい声を持っておいでだね。その声で王子をまよわすつもりだろうが、わたしのほしいっていうのは、じつは、その声なんだよ。わたしだって、とびきり上

等の飲みものをつくってあげるんだもの、おまえさんも、一番いいものをくれなけりゃいけないよ。なのしろ、飲み薬を、両刃の剣みたいに、よくきくよにするためには、わたしは、自分の血をそれにまぜなけりゃならないんだからね。」

「でも、声をあなたにあげてしまったら、あとに何が残るでしょうか?」

「そんなに美しい姿や、軽い歩きぶりや、ものをいう目があるじゃないか。それだけあれば、人間の心を夢中にさせるくらい、なんでもないやね!おや、おまえさん、勇気がなくなったのかえ。さあ、その可愛い舌をお出し。よくきく薬の代金に、切り取らせてもらいましょ!」(『アンデルセン童話集』141－142ページ)

こうして、人間になるための代償として人魚姫は舌を切り取られ、声を失ってしまったのである。『アンデルセン童話集』では「そして、

人魚姫の舌を切り取りました」という一文で終わるが、政岡は舌が切り取られる手術の様子までも描こうとしていた。『人魚姫の冠』では、「魔女に手術をうける前の表情」という苦痛にあえぐ人魚姫のバストショットを描いたデッサン（11ページ）などもある。

魔女の姿も、『アンデルセン童話集』や『にんぎょひめ』とは大きく異なっている。『アンデルセン童話集』では「だぶだぶとした大きな胸」と描写しているし、『にんぎょひめ』では、乱れた白髪に黒っぽい衣装を身にまとって、暗い家のなかに住んでいるように表現している。

『人魚姫』を題材にした多くの作品で、魔女は不気味な老婆の姿として描かれるのが一般的である。だが、『人魚姫の冠』の魔女は若くて、しかしどこかにまがまがしい欲望を抱いた女性として描いている。7ページは笑みを浮かべた表情のデッサンだが、ややつり上がった目、気の強さを感じさせる大きな唇が特徴的である。若さにあふれたその顔は、従来の魔女像とは対照的である。10ページで、手術に臨むにあたり人魚姫の舌を切り取ってその美しい声を自らのものとしようとする魔女は、大きく口をあけて歯をむき出しにしている。

魔女を醜い老婆にするのではなく、外見は美しいものの、その内面には恐ろしい心をもっている存在として政岡は設定していたのである。

●**王子の想像**

人魚から人間の姿に変身した姫は全裸の姿であった（17ページ）。王子は、人魚姫が裸体で海辺に倒れていた理由を想像する。王子が考えた

のは、人魚姫が乗っていた船が海賊に襲われ、逃れようとして海に落ちた際に衣服が脱げてしまったのではないかということである。36ページから37ページの絵コンテや38ページ（船から海に落ちていく際、衣服が脱げていく様子のデッサン）がその場面に相当する。

また、王子が人魚姫と出会った際は裸体だったが、そのときの人魚姫の姿を描いたデッサンはかなりの枚数が残されている（22ページから24ページなど）。

この絵コンテを目にして驚くのは、裸体が数多く描かれている点だろう。これまでに知られている政岡のアニメーション作品では、裸体の女性というイメージはないかもしれない。しかし、政岡が日本初の本格的なトーキーアニメーションとして手がけた『力と女の世の中』（1933年）には、キスシーンや背中だけだがヌード姿も描いている。また、政岡は十代から二十代の初めにかけて京都の美術学校に在籍し、日本画家を目指して修練を積んでいた⁽⁷⁾。授業の一環として女性の裸体画や彫刻を目にすることもあったし、場合によってはヌードデッサンをする機会もあったのかもしれない。ちなみに、人魚姫の裸体を描くにあたっては妻・綾子をモデルにしたことがデッサンのメモ書きに記されている。アニメーション制作・政岡憲三のもう一つの顔である画家としての側面が生かされたのが、この『人魚姫の冠』という作品だったのかもしれない。

（7）政岡の美術学校時代については、拙著『政岡憲三とその時代──「日本アニメーションの父」の戦前と戦後』（青弓社、2015年）第1章を参照。

6 なぜ人魚姫は昇天できたのか？
「エロス」と「アガペー」の葛藤

政岡が死去したのは1988年だが、これらの絵コンテを描いていた当時は70代だった。後述するが、この企画が挫折した後も断続的に作業を続けている。そして、80歳を過ぎて建てた生前墓のモチーフに『人魚姫の冠』を選んだことは、本作に対する特別な思い入れがあったことを示している。

ところで、政岡が本作の見せ場と考えていたのはどのシーンだったのだろうか。

『アンデルセン童話集』では、人間から人魚に戻るために人魚姫は王子を殺すことを迫られる。人魚姫の姉たちは、自らの髪の毛と引き換えに魔女から短刀を渡される。「お日様がのぼらないうちに[8]」王子の心臓を刺し、その血がかかることで人魚姫は元の姿に戻れるというのである。だが、王子を殺すことができず、自ら海に身を投げる。泡となって消えていくはずの人魚姫だが、空気の娘たちと出会い、彼女たちから、300年の間よいおこないをすれば不死の魂を授かることができると教えられる。政岡の絵コンテも『アンデルセン童話集』に基づいて描いており、台詞などの文章で引用が確認できる。

しかし、『人魚姫』という物語に対する政岡独自の解釈も盛り込まれている。それは、なぜ人魚姫は不死の魂を得る可能性を手に入れたのかという点であり、「エロス」と「アガペー」という言葉が手がかりになってくる。

姉たちから渡されたナイフを手に、王子と花嫁が眠るテントに人魚姫は忍び込む。人魚姫の脳裏には、魔女と姉の言葉が浮かんでくる様子を描いている（88ページ）。その際、人魚姫の目

は大きく見開かれ、狂気さえ感じさせる。だが、人魚姫はナイフを手から落としてしまう。政岡はそこに至った心境を「エロスとのわかれ　アガペーに生きる」と説明している（93ページ）。

エロスとアガペーはどちらも「愛」と翻訳されることもあるが、その意味するところは異なる。エロスとは、ときに性愛をも含む。それに対してアガペーは「キリスト教の愛の概念」であり、「自己犠牲」という要素を含んでいる[9]。アガペーを選んだ人魚姫は、自ら海へと身を投じる。没になった絵コンテと比較すると、旧稿ではエロスとアガペーという記述はない。

人魚姫のエロスは、人魚の姿に戻るための行動として描かれる。85ページでは説明文に「眼を開き　ふと右手の短剣を見て脚を見る　足元へ移動」とあり、人魚の姿に戻るために王子を殺すようにという姉の言葉を思い出す様子を描いている。しかし、王子の寝所まで忍び込んだ人魚姫が短剣を落とした際は「エロスとの」と説明がある。短剣＝エロス＝人魚の姿に戻ることである。当然のことだが、王子を殺して人魚の姿に戻るか、もしくは自らが死ぬか、人魚姫は究極の選択を迫られていたのである。王子がいるテントに行くまでも、人魚姫は姉の言葉を何度も思い出して葛藤する。

そもそも『アンデルセン童話集』によれば、地上の世界に興味をもっていた人魚姫は、人間の王子を見かけて心惹かれてしまった。そして人魚の姿を捨てて人間に変身してまで、王子の愛を得ようとする。王子の愛を得られれば、人魚姫は不死の魂を得ることができる。しかし、

王子が他の女性を選んだ場合、人魚姫は海の泡とならなければいけない。つまり、王子が別の女性と結婚することになった場合には、単に人魚姫は王子の愛を得られないというだけではなく、泡と化して消える死の運命を定められたのである。それを回避し、かつ人魚に戻れる手段が王子を殺すことだった。王子の愛を得ること、不死の魂を得ること、そして人魚に戻ろうとする行動も、その根底にあるのはエロスだと政岡は考えたのではないだろうか。

だが、人魚姫は王子を殺すことができなかった。さまざまな誘惑を振り切り、最後は自ら海へと身を投じる。王子の愛も、そして不死の魂も断念し、王子と花嫁の幸福を選んだのである。そして、船から姿を消した自分（人魚姫）のことを捜している花嫁の額にキスをして王子にほほ笑みかけると、空気の娘たちと一緒に空へと昇っていく（113ページ）。この行為こそがアガペーであると政岡は考えたのではないだろ

うか。だからこそ、人魚姫は、300年という長い時間をかけて永遠の魂を得る機会を与えられたのではないかと。前述のとおり、加筆・修正をおこなった形跡がいちばん多いのが、ナイフを手にして葛藤するシーンである（84ページと85ページ）。エロスとアガペーの間で思い悩んだ末に、最後にアガペーを選んだことを重視している。

そして、空気の娘とともに天に昇っていく人魚姫の姿を、大藤信郎の影絵アニメーションを彷彿とさせるような幻想的なタッチで描いている（99ページ、131ページ）。アガペーに生きたからこそ、昇天し、不死の魂を得る第一歩を踏み出した。政岡は『人魚姫』という物語をそのように解釈して、『人魚姫の冠』を編み出したのである。

（8）前掲『完訳 アンデルセン童話集』第1巻、153ページ
（9）廣松渉ほか編『岩波哲学・思想事典』岩波書店、1998年、1ページ

7　あとがきにかえて

『人魚姫の冠』という作品の解説は以上である。政岡が心血を注いだ『人魚姫の冠』だが、1968年のピープロダクションの火災、さらに71年の杉本五郎宅の火災によって挫折している[10]。

熊川正雄に関連した資料で、「彼の幻の大作『人魚姫』を、思う存分の予算と、心ゆくまでの時間を注いで、製作してもらいたかった。そんな感慨にとらわれる関係者も多かったようだ。手を抜けない政岡の完全主義を満たすだけの予算、そして時間があれば、どんな傑作ができ

たか[11]」と記している。

政岡の死去から四半世紀以上が過ぎ、『人魚姫の冠』の全体像がどのようなものだったのかを知る手がかりは限られている。そもそも絵コンテとして未完成であり、かつ原本が行方不明である。

これは解説を担当した者の願望だが、政岡の念願だったというアニメーション化を、いつ

（10）前掲『アニメ職人　熊川正雄伝』36ページ、前掲「特撮秘宝」Vol.3、106ページ
（11）前掲『アニメ職人　熊川正雄伝』37ページ

か誰かの手で成し遂げてほしい。そのためには、政岡の意図をくみ取るための膨大な作業と、現代ならではの視点から捉え直すという非常に困難な作業が必要だろう。さらに、政岡が活躍していた時代と現代とではアニメーション制作の方法も大きく異なる。デジタル化された現代のアニメーションでどうやって制作するのかも大きな課題となるだろう。

だが、政岡が1950年代以降に手がけるようになった絵本の仕事から、美術面での時代考証をどのようにおこなっていたのかを知ることができる。これによって、政岡が想定していたキャラクターデザインや美術設定の方向性を推察することができる。

『アンデルセン童話集』の「人魚姫」を踏まえて、政岡憲三はアニメーション『人魚姫の冠』を構想した。その前段階として、小学館の月刊誌「幼稚園」の別冊付録として作られた絵本『にんぎょひめ』の挿絵を手がけている。その際に、人形をはじめとして精密なミニチュア模型を制作しているが、人形の装束一つをとっても、美的なものを計算して選んでいたことを絵本のあとがきで語っている。そして、その際に収集した美術資料の一部を、『人魚姫の冠』でキャラクターデザインを決めるときに転用している。

また、絵コンテの一部には、地の文や台詞に相当する文章を記入している。その記述内容は、『アンデルセン童話集』として刊行されている版と文章のかなりの部分が一致しており、同書を底本として用いていたと推察できる。『アンデルセン童話集』との比較によって、描いていない部分のストーリーを推察することもできる。特に絵コンテは一部のシーンを除いて台詞を書いていないため、具体的なシナリオを推察するにあたっては底本が重要な手がかりになるだろう。さらには、『人魚姫の冠』という企画の全体的な起承転結を把握することができる。一部のシーンしか描いておらず、絵コンテはおろか、その前段階にあたるデッサンさえも残っていないシーンがある現状で、政岡が想定していた物語の全体を推察する大きな手がかりとなってくる。特に、エロスとアガペーという政岡独自の解釈は、本作のクライマックスとも関わってくる重要な要素である。

本書の目的は『人魚姫の冠』を記録として残すことである。将来、『人魚姫の冠』をアニメーション化しようと決意した人物が出てきたときに、本書が何かの参考になれば幸いである。もちろん、ほかならぬ政岡憲三のことである。熊川が語っているように、私たちの発想をはるかに超えた構想を抱いていたにちがいない。限界もあるが、それでもなお記録として残し、世に送り出すことが第一の目的である。

いつかきっと、政岡憲三の遺志を継いでくれるクリエーターが登場してくると信じている。

編集協力（以下、敬称略。五十音順）
君野直樹／齊藤 格／政岡憲三のご遺族や著作権継承者

わたしたちにとっての政岡憲三さん

高畑 勲

　政岡憲三さんは、戦中から戦後にかけての約20年間、日本のアニメーション映画を牽引・主導した人物です。『くもとちゅうりっぷ』『桜』『すて猫トラちゃん』などの傑作を生み出しただけではありません、表現技法の革新や技術指導や人材養成でもいつも中心的役割を果たしていました。弟子たちのなかで、熊川正雄さんや森康二さんは、後年、東映動画の中核として活躍することになります。私たちの大先輩です。しかし当の政岡さん自身は、1950年以後アニメーション業界からほぼ完全に身を引いてしまい、「カメラ移動中は一コマ描きにする」とか、「準停」「巡回」の用語とか、師匠に忠実だった熊川さんがかろうじて引き継いだもの以外、東映動画のなかでさえ、ご本人は忘れられた存在になっていたのです。

　最後の優れた弟子である森さんの影響下で、1960年代以降、大塚康生・小田部羊一・宮崎駿などが次第に業績を積み上げていくことになりますが、私を含め、直接教えを受けたこともない政岡さんの偉大さに気づくことになるのは、ずっと後になってからのことでした。私たちは、たった数本の作品に示された表現技法にあらためて驚嘆するとともに、子どもの顔のふくよかさを動きで捉えるという、森さんから小田部さんへと受け継がれた系譜の源流が政岡さんにあったのだという事実を再認識したのです。

　1984年の暮れ、雑誌「アニメージュ」（徳間書店）の政岡憲三特集の座談会（森康二・小田部羊一・高畑勲）を喜ばれた政岡氏夫妻が、そこで発言した森さんや私たちを自宅に呼んでくれたことがありました。私はいろいろ質問しましたが、答えるのは奥様だけで、政岡さんはおだやかに、「もうみんな忘れた」とおっしゃるばかりでした。『人魚姫の冠』についてはいっさい話題になりませんでした。

誰も注目したがらなかった『人魚姫の冠』

　アニメ業界の現役を退かれてから15年あまり、絵本絵に専念されていたはずの1960年代後半ごろ、70歳近い政岡さんが東映動画を訪れ、山本善次郎さんや藪下泰次さんなど昔の僚友や弟子の森さんに、『人魚姫』の構想を語られるということがありました。政岡さんが帰られてから、なんとなく冷笑的な空気が諸先輩方の間に漂っていたことを思い出します。人魚姫がキャラクター化されず、生々しい「裸身」の若い娘だったことが最大の驚きだったようです。

　しかし、政岡さんは、僚友たちからも弟子からもまったく共感されないまま、以後、孤軍奮闘、孤独のなかでこの企画のための絵を描き続けました。当時の業界人から見れば、政岡さんがやろうとしていることは何から何まで常軌を逸していました。ヌードアニメというだけではありません。誰に見せるのか、誰に見てもらうの

か、観客を考えず、ということは採算を考えず、描きたい人魚姫を描く、動かす。カメラワークを操る。他人から見てそれらが魅力的かどうかなど考えもせず、ただ自分のために、自分だけのために紙の上で作品の準備をする。いきおい扱う場面は断片的になり、全体像は見えてこないまま、同じ場面を繰り返し修正したりしてしまう。絵の参考にするために、女性のヌードやなまめかしいうなじや表情など、さまざまな姿態を写した写真を大量に集める。

　まだ世に出ていないアニメ志望の青年がやりそうなことを、過去、あの円満な作品で私たちを魅了してきた大ベテランが大真面目にやっているのです。この独特の夢想に、当時の知己の誰もが加担しようとしなかったのは当然だと私は思います。しかし、政岡憲三という創作者の全貌をつかむためには、この『人魚姫の冠』を無視することは絶対にできません。

『政岡憲三『人魚姫の冠』絵コンテ集』は画期的な出版物である

　以上見てきたとおり、このような資料は、それを描いたのがある時期の偉人だとしても、よほど魅力的な絵でもなければ埋もれてしまうのが常です。ところが、今回、1967年から74年にかけて、『人魚姫の冠』に関して政岡さんがお描きになったほとんどすべての絵がそっくり出版されるというのです。私は皮肉ではなく、出版社の英断に感謝します。まさかこのような書物が出版されるとは思ってもいませんでした。

　いったい政岡憲三に何が起きたのか。どんなペースで仕事を進めたのか。それはなぜか。ハンス・クリスチャン・アンデルセンの原作にほぼ忠実であろうとしているらしいが、そのなかでなぜこの場面を絵コンテ化しようとしたのか。人魚姫の愛らしさが出るかどうかではなく、普通の娘のリアルな反応をひたすら追求する姿勢に驚かざるをえないが、そもそも政岡さんはどういう意味で人魚姫を愛していたのだろうか、などなど、ここには研究者の探究心だけでなく、人々の好奇心をそそるものがいっぱいありそうです。『政岡憲三『人魚姫の冠』絵コンテ集』は、単に資料集としてではなく、一般に開かれた一般書として発売されるから画期的なのです。一昔前ならばけっして考えられない快挙だと私は思います。

（たかはた・いさお；映画監督）

［著者略歴］

政岡憲三（まさおか・けんぞう）

1898年生まれ、1988年没
1930年代から40年代にかけての漫画映画業界で活躍し、現在では「日本のアニメーションの父」と呼ばれている。戦後は日本動画社の設立にも関わり、森康二らを育てる。アニメーションを離れた後は、挿絵画家として活動する。代表作は『くもとちゅうりっぷ』（1943年）

［編著者略歴］

萩原由加里（はぎはら・ゆかり）

1979年生まれ
立命館大学文学部史学科一貫制博士課程日本史専攻卒業。立命館大学大学院先端総合学術研究科表象領域修了
京都精華大学、甲南女子大学ほか非常勤講師
著書に『政岡憲三とその時代——「日本アニメーションの父」の戦前と戦後』（青弓社）、共著に『京の美学者たち』（晃洋書房）、論文に「マルチプレーン・カメラの立体感がもたらしたもの」（「アニメーション研究」第16巻第2号）など

政岡憲三
『人魚姫の冠』絵コンテ集

発行————2017年12月30日　第1刷
定価————3000円＋税
著者————政岡憲三
編著者———萩原由加里
発行者———矢野恵二
発行所———株式会社青弓社
　　　　　〒101-0061 東京都千代田区三崎町3-3-4
　　　　　電話 03-3265-8548（代）
　　　　　http://www.seikyusha.co.jp
印刷所———三松堂
製本所———三松堂

©2017
ISBN978-4-7872-7409-0 C0074

萩原由加里
政岡憲三とその時代
「日本アニメーションの父」の戦前と戦後

戦前の日本で本格的なトーキー漫画映画を手がけ、セル画という手法を導入し、戦時下の1943年に傑作『くもとちゅうりっぷ』を監督として作り上げた政岡憲三が歩んだ道から、「手塚治虫以前／以後」という枠組みには収まらない日本アニメーション史を照らす。　定価3000円＋税

早稲田大学坪内博士記念演劇博物館編
幻燈スライドの博物誌
プロジェクション・メディアの考古学

「映画以前」に日本に存在した特異なプロジェクション・メディアである写し絵や幻燈。早稲田大学演劇博物館が所蔵するコレクション約3,000点から厳選した写し絵や幻燈、マジック・ランタンの図版をフルカラーで所収し、古くて新しいメディアを堪能する。　定価2400円＋税

川上大典編著
このアニメ映画は
おもしろい!

あのアニメ映画のおもしろさを徹底解明!「いわゆる大作」の魅力を掘り下げながら、「これこそは」という隠れた名作や小作品も紹介。脚本家やクリエーター、マンガ家などの創作の担い手から見たアニメ映画の魅力にも迫る!　いま見るべきアニメはこれだ!　定価1600円＋税

落合真司
90分でわかる
アニメ・声優業界

世界中が日本のアニメに熱狂するのはなぜか。声優ブームとマルチタレント化の関係、アニソンが音楽特区になった理由、生きる希望と形容されるアニラジとは何か、深夜アニメから劇場版までその未来の行方は?　アニメ愛を込めてメディア視点で業界を語り尽くす。　定価1600円＋税

八本正幸
ゴジラの時代

ゴジラ生誕から60年──核の恐怖の象徴、ダイナミックな巨大ヒーロー、子供たちのアイドルとして半世紀以上も映画史に君臨してきたゴジラ。その歴史をたどり、ともに歩んだわれわれの60年を回顧し再検証しながら、この不思議な怪獣の魅力を存分に考察する。　定価1600円＋税

森下 達
怪獣から読む戦後
ポピュラー・カルチャー
特撮映画・SFジャンル形成史

1950年代から80年代までの『ゴジラ』『モスラ』などの特撮映画の歩みをたどり、それを支えた日本のSF史も分析して、戦後のポピュラー・カルチャーが社会的なものと距離を置くようになり、非政治的なジャンルになったプロセスを多角的に照らし出す。　定価3000円＋税